Vorsorgewohnen in Deutschland

Michael Fesselmann · Rolf Kobabe ·
Katja Schwenzfeier · Ulrich Siegemund

Vorsorgewohnen in Deutschland

Wohnimmobilien als Kapitalanlage

Springer Gabler

Michael Fesselmann
BUWOG Group
Berlin, Deutschland

Katja Schwenzfeier
Luther Rechtsanwaltsgesellschaft mbH
Berlin, Deutschland

Rolf Kobabe
Luther Rechtsanwaltsgesellschaft mbH
Hamburg, Deutschland

Ulrich Siegemund
Luther Rechtsanwaltsgesellschaft mbH
Frankfurt am Main, Deutschland

ISBN 978-3-658-21287-2 ISBN 978-3-658-21288-9 (eBook)
https://doi.org/10.1007/978-3-658-21288-9

Die Deutsche Nationalbibliothek verzeichnet diese Publikation in der Deutschen Nationalbibliografie; detaillierte bibliografische Daten sind im Internet über http://dnb.d-nb.de abrufbar.

Springer Gabler

Layout und Satz: ALEXSIGN Alexander Ahlert, Berlin, im Auftrag der BUWOG Group

Gedruckt auf säurefreiem und chlorfrei gebleichtem Papier

Springer Gabler ist Teil von Springer Nature
Die eingetragene Gesellschaft ist Springer Fachmedien Wiesbaden GmbH
Die Anschrift der Gesellschaft ist: Abraham-Lincoln-Str. 46, 65189 Wiesbaden, Germany

GELEITWORT

Viele private Anleger suchen nach Möglichkeiten, um am nachhaltigen Erfolg von Wohnimmobilien zu partizipieren. Die Beliebtheit von Vorsorgewohnungen als Geldanlage ist daher in den letzten Jahren mehr und mehr gestiegen. Und der Bedarf an vermietbaren Wohnungen am deutschsprachigen Markt steigt aufgrund der demographischen Entwicklungen weiter, insbesondere in Ballungszentren wie Berlin und Hamburg, wo die BUWOG Group hochwertige und attraktive Wohnimmobilienprojekte entwickelt. Viele unserer Projekte sind so konzipiert, dass sich ein Teil der Einheiten ideal als Anlageobjekte eignet.

Für Einsteiger tun sich angesichts einer für sie neuen Investment-Möglichkeit jedoch viele Fragen auf: Muss ich Immobilienexperte werden, um sicher und profitabel anlegen zu können? Was muss ich wissen und worauf muss ich bei Auswahl, Finanzierung und Vermietung meines Objekts achten? Wie wirkt sich eine Immobilienanlage steuerlich aus? Wie passt die Anlage zu meinen langfristigen persönlichen Plänen?

Dieses von Rechtsexperten und Experten der Immobilienwirtschaft erstellte Fachbuch gibt Ihnen die nötigen Informationen an die Hand, um sich auf ein Investment in eine Vorsorgewohnung optimal vorzubereiten. Denn Vorsorgewohnungen sind weit mehr als nur die Möglichkeit, Wohnungseigentümer zu werden: Sie bieten interessante Wertzuwächse und nachhaltige Renditen. Für viele Menschen bedeutet der Erwerb einer Eigentumswohnung gleichzeitig die größte Investition ihres Lebens. Entscheidungen wie die Auswahl der „richtigen" Immobilie und die Wahl der Finanzierung sollten daher wohlüberlegt und erst nach intensiver Informationseinholung getroffen werden.

Dieses Werk soll Sie bei Ihren Entscheidungen unterstützen. Neben diesem Fachbuch stehen Ihnen selbstverständlich die Experten der BUWOG Group gerne persönlich für Beratungsgespräche zur Verfügung.

Die deutsch-österreichische BUWOG Group verfügt über mehr als 66 Jahre Erfahrung als Komplettanbieter in der Wohnimmobilienwirtschaft und zählt zu den führenden privaten Wohnbauträgern in Wien und Berlin mit über 35.000 selbst entwickelten Wohnungen im Laufe der Unternehmensgeschichte. Im Bereich Vorsorgewohnungen bietet die BUWOG Group Full-Service-Pakete an, die vom Finanzierungs- bis zum Vermietungs- und Verwaltungsservice reichen.

Wir wünschen Ihnen eine ansprechende Lektüre und bereits jetzt viel Erfolg mit Ihrer Vorsorgewohnung!

Mag. Daniel Riedl, FRICS
CEO BUWOG Group

VORWORT DER HERAUSGEBER

Warum dieses Buch?

Das Thema Wohnimmobilien als Kapitalanlage scheint heute aktueller als je zuvor. Vielerorts übertrifft die Nachfrage von Kaufinteressenten das Angebot an Eigentumswohnungen deutlich, und nicht wenige Projekte sind noch vor Abschluss der Baumaßnahmen bereits komplett verkauft. Die wachsende Bedeutung der privaten Altersvorsorge und der Mangel an Anlagealternativen mit vergleichbarem Chancen-Risiken-Profil im gegenwärtigen Niedrigzinsumfeld sind zwei der wichtigsten Gründe dafür. Angesichts der Tatsache, dass es bereits eine Reihe von Publikationen zu diesem Thema gibt, stellt sich dennoch die Frage: Welches Ziel verfolgt dieses Buch und an wen richtet es sich?

Geschrieben wurde es in erster Linie für all jene, die sich zum ersten Mal mit dem Gedanken beschäftigen, eine Wohnung in Deutschland als Kapitalanlage zu erwerben – sei es nun zur Vermögensbildung, zur Altersvorsorge oder um selbst darin zu wohnen. Darüber hinaus richtet sich das Buch jedoch auch an alle, die bereits eine oder mehrere Eigentumswohnungen besitzen und sich intensiver mit den wirtschaftlichen, steuerlichen und rechtlichen Aspekten einer solchen Immobilienanlage auseinandersetzen möchten. Damit unterscheidet es sich von jenen Publikationen, die das Thema Immobilienanlage lediglich oberflächlich und schlaglichtartig behandeln, ebenso wie von dezidierten Fachbüchern, die sich an Experten mit umfangreichen Vorkenntnissen richten oder für immobilienwirtschaftliche Studiengänge konzipiert wurden.

In diesem Zusammenhang ist noch ein weiterer Punkt zu erwähnen, der den Autoren dieses Buches besonders am Herzen liegt: Gerade in einer Phase, in der man mit Immobilien scheinbar „nichts falsch machen" kann, ist ein fundiertes Verständnis bestimmter immobilienwirtschaftlicher Zusammenhänge wichtig, damit die erste Immobilienanlage auch auf lange Sicht zum Erfolg und nicht zu einer Enttäuschung wird. Über viele Jahrzehnte hinweg tradierte „Weisheiten" wie die Behauptung, „Betongold" könne immer nur an Wert gewinnen, sind längst nicht mehr haltbar. Vielmehr zeigt sich in der Praxis, dass dabei sehr genau zwischen unterschiedlichen Standorten und Objekten zu differenzieren ist. Und erfolgreiche Immobilieninvestitionen sind – ganz gleich, ob es sich um private Anleger mit einer Eigentumswohnung oder um institutionelle Investoren mit einer Vielzahl von Mietshäusern handelt – immer das Resultat einer sorgfältigen Auswahlentscheidung und eines guten Managements. Gerade der letztgenannte Aspekt wird von privaten Anlegern häufig unterschätzt, indem sie der laufenden Verwaltung ihrer Anlageimmobilie zu wenig Beachtung schenken. Aus diesem Grund endet der Betrachtungshorizont dieses Buches auch nicht mit dem erfolgten Kauf, sondern bezieht ausdrücklich auch Fragen wie die WEG-Verwaltung oder das Mietvertragsmanagement mit ein.

Der inhaltliche Rahmen des Buches ergibt sich unmittelbar aus den Bedürfnissen der genannten Zielgruppen. Zum einen gibt es eine leicht verständliche Einführung in ein relativ komplexes Themengebiet, die keine speziellen Fachkenntnisse voraussetzt. Es vermittelt unmittelbar anwendbares Praxiswissen und sensibilisiert für die vielfältigen Fragestellungen, die sich potenzielle Käuferinnen und Käufer einer Eigentumswohnung im Vorfeld eines Immobilienerwerbs stellen sollten. Des Weiteren gibt es ihnen Kriterien an die Hand, die die Auswahl von Angeboten und die letztendliche Kaufentscheidung erleichtern sollen, und bezieht dabei auch die Frage nach der Finanzierung eines Immobilienkaufs ein. Zum anderen werden den Leserinnen und Lesern jedoch auch steuerliche und rechtliche Grundlagen einer Immobilienanlage nahegebracht.

Dabei werden beispielsweise steuerliche Folgen bestimmter Entscheidungen in den verschiedenen Lebensphasen eines Anlegers und in spezifischen Situationen wie Erwerb, Vermietung oder Veräußerung einer Wohnung behandelt. Rechtliche Probleme im Zusammenhang mit einem Wohnungskauf werden ebenso ausführlich dargestellt wie der Themenkomplex Wohneigentum und Wohneigentümergemeinschaft, die Formen und der Inhalt von Darlehensverträgen oder das Thema WEG-Verwaltung. Eine Beratung durch einen Rechtsanwalt oder einen Steuerberater kann und darf dieses Buch natürlich nicht ersetzen. Es möchte am Thema Wohneigentum Interessierte jedoch in die Lage versetzen, von einer solchen Beratung möglichst optimal zu profitieren. Dazu gehört zum einen, den Beratern die richtigen Fragen zu stellen, und zum anderen, deren Antworten und Ratschläge in übergeordnete Zusammenhänge – wie beispielsweise die individuelle Lebenssituation – einordnen zu können.

Es mag sein, dass die Ausführungen zu den steuerlichen und rechtlichen Aspekten für diejenigen, die sich erstmals damit auseinandersetzen, auf den ersten Blick vielleicht etwas trocken erscheinen. Doch das sollte niemanden entmutigen. Denn auch für diejenigen, die sonst mit diesen Themen „nichts am Hut" haben, lohnt es sich, diese Kapitel – zumindest überblicksweise – zu lesen. Schließlich hängt der mit einer Immobilienanlage letztlich erzielte Erfolg nicht allein von Marktentwicklungen, sondern eben auch von einem fundierten steuerlichen Konzept, von rechtlich einwandfreien Vertragsgestaltungen und – im Falle einer vermieteten Eigentumswohnung – einer engagierten Verwaltung ab.

Die inhaltliche Gliederung des Buches wurde dabei bewusst so detailliert gewählt, dass es jederzeit möglich ist, sich gezielt einzelne Abschnitte herauszusuchen und sich so über ausgewählte Themen zu informieren, ohne dafür das gesamte Buch lesen zu müssen. Insbesondere für diejenigen, die schon Immobilieneigentum erworben haben, eignet es sich deshalb auch als eine Art Nachschlagewerk, mit dessen Hilfe sich vorhandenes Wissen wieder auffrischen oder spezielle, detaillierte Fragestellungen beantworten lassen.

So kann dieses Buch nicht nur als fundierte Einführung in das Thema Wohnimmobilien als Kapitalanlage und als Leitlinie für den ersten Wohnungskauf dienen, sondern auch bei der Vorbereitung eines Termins beim Steuerberater, einer Wohnungsbesichtigung, eines Mietvertragsabschlusses mit einem Mieter oder einer Eigentümerversammlung zu Rate gezogen werden.

INHALTSVERZEICHNIS

WESTENDPARK
Neubauprojekt mit 112 Wohneinheiten in Berlin,
Bezirk Charlottenburg-Wilmersdorf,
Ortsteil Westend (Gesamtfertigstellung 2018)
westendpark.de

KAPITEL **EINS**

Dieses Kapitel führt ein in die verschiedenen Aspekte des Immobilienkaufs und stellt die Bedeutung von Wohnimmobilien im Rahmen des Vermögensaufbaus dar. Sie erfahren außerdem, welche Kriterien es bei der Objektauswahl zu berücksichtigen gilt und wie eine Finanzierung gelingt.

1. WOHNIMMOBILIEN ALS KAPITALANLAGE

Immobilien spielen seit jeher eine wichtige Rolle bei der privaten Kapitalanlage. Vor allem in Phasen, in denen es an Anlagealternativen mit vergleichbarem Chancen-Risiken-Profil mangelt – weil beispielsweise die Zinsen sehr niedrig sind – gewinnt der Immobilienerwerb zur Kapitalanlage und zur Vorsorge für das Alter stark an Bedeutung. Dabei stehen Eigentumswohnungen besonders im Vordergrund – zum einen, weil hier das Angebot zahlenmäßig am größten ist, zum anderen, weil sie von den erforderlichen Investitionsvolumina für die meisten privaten Anleger viel eher infrage kommen als beispielsweise der Kauf eines ganzen Mietshauses mit mehreren Mietparteien oder der Kauf einer vermieteten Gewerbeimmobilie.

Neben wirtschaftlichen Aspekten spielen beim Immobilienkauf jedoch auch emotionale Faktoren eine nicht zu unterschätzende Rolle. So können der Wunsch, mietfrei in den eigenen vier Wänden statt zur Miete zu wohnen oder das Bestreben, seinen Kindern eine Immobilie als vergleichsweise wertbeständige Vermögensanlage zu vererben, ganz wesentliche Motive für den Kauf einer Eigentumswohnung sein. Je nachdem, welches Motiv im konkreten Einzelfall den Ausschlag für die Kaufentscheidung gibt, ergeben sich daraus besondere Anforderungen für die Planung und Umsetzung des Immobilienkaufs.

So stellt sich bei einer selbst genutzten Eigentumswohnung, neben individuellen Wünschen und Vorlieben, vor allem die Frage nach der Finanzierbarkeit aus vorhandenem Eigenkapital und laufendem Einkommen, mit dem ein für die Finanzierung des Immobilienkaufs aufgenommenes Darlehen bedient werden muss. Da in diesem Fall mit der erworbenen Wohnung keine Einnahmen erzielt werden, handelt es sich hier strenggenommen nicht um eine Investition im wirtschaftlichen Sinne handelt. Beim Kauf einer vermieteten Wohnung oder einer neu erbauten Wohnung, die zur Vermietung bestimmt ist, steht dagegen das Erzielen möglichst kontinuierlicher Mieteinnahmen im Vordergrund, die beispielsweise ein laufendes Zusatzeinkommen darstellen oder zur finanziellen Absicherung im Alter beitragen können. Hier ist die Kaufentscheidung insofern etwas komplexer, da es mehr steuerliche und rechtliche Implikationen zu beachten gilt.

Den inhaltlichen Schwerpunkt dieses Buches bildet der Kauf einer Eigentumswohnung zur Vermietung. Doch abgesehen von den explizit auf die Vermietung und Verwaltung bezogenen Fragen treffen viele der hier behandelten Aspekte auch auf den Kauf einer Eigentumswohnung zu, die der Käufer selbst nutzen möchte.

M. Fesselmann, R. Kobabe, K. Schwenzfeier, U. Siegemund, *Vorsorgewohnen in Deutschland*,
https://doi.org/10.1007/978-3-658-21288-9_1

1.1. Kriterien für die Objektauswahl: Lage, Bausubstanz, wirtschaftliche Kriterien

Bei der Wahl einer Vorsorgewohnung, also einer Eigentumswohnung, die als Kapitalanlage zur Erzielung von Mieteinnahmen erworben wird, sind verschiedene Kriterien zu beachten, die einen wesentlichen Einfluss auf den wirtschaftlichen Erfolg haben, den der Käufer letztendlich insgesamt erzielt. Dieser wirtschaftliche Gesamterfolg der Investition setzt sich aus zwei wesentlichen Komponenten zusammen. Eine dieser beiden Komponenten ist die Mietrendite, die sich aus den laufenden Mieterträgen abzüglich der laufenden Kosten ergibt. Die zweite Komponente ist die Wertentwicklung der betreffenden Immobilie. Im Idealfall sollten natürlich beide Komponenten einen positiven Beitrag zum Gesamterfolg leisten. In der Praxis kommt es jedoch durchaus vor, dass eine bestimmte Immobilie beispielsweise sukzessive an Wert verliert, obwohl damit noch immer kontinuierliche Mieterträge erzielt werden. Umgekehrt kann auch eine Eigentumswohnung, die zwischenzeitlich längere Zeit nicht vermietet war, ihrem Eigentümer einen positiven wirtschaftlichen Gesamterfolg bescheren, wenn es in der Zeit seit dem Kauf zu entsprechend hohen Wertsteigerungen gekommen ist.

Um mit einem Wohnimmobilieninvestment langfristig erfolgreich zu sein, müssen deshalb vor allem zwei Voraussetzungen erfüllt sein: Zum einen sollten kontinuierlich möglichst stabile und im Laufe der Zeit sukzessive steigende Mieterträge erzielt werden. Zum anderen sollte das Marktumfeld erwarten lassen, dass der Wert der Immobilie tendenziell steigt. Daraus ergeben sich wesentliche Auswahlkriterien für den Kauf, und es liegt auf der Hand, dass das subjektive Gefühl, eine „schöne" Wohnung zu kaufen, keine ausreichende Grundlage für eine Kaufentscheidung bietet.

Zu Recht wird die Lage einer Immobilie immer wieder als eines der wichtigsten Auswahlkriterien bezeichnet. Und in der Tat ist dieser Aspekt einer der wichtigsten bei jedem Immobilienkauf, denn die Lage lässt sich – anders als beispielsweise die Ausstattung der Wohnung oder die Fassadengestaltung des Hauses – durch den Käufer praktisch nicht beeinflussen und nicht mehr verändern. Dabei unterscheiden professionelle Immobilieninvestoren zwischen dem sogenannten Makrostandort – der Stadt oder Gemeinde, in der sich die Immobilie befindet – und dem Mikrostandort, zu dem die unmittelbare Umgebung der konkreten Immobilie gehört.

Diese Differenzierung ist vor allem deshalb von Bedeutung, weil sowohl der Makro- als auch der Mikrostandort einen wichtigen Einfluss auf die Vermietbarkeit und die Wertentwicklung einer Immobilie haben. Im Hinblick auf den Makrostandort kommt es beispielsweise darauf an, ob die Zahl der Einwohner und der Haushalte in der betreffenden Stadt oder Gemeinde langfristig steigen oder eher zurückgehen wird, denn daraus ergeben sich entsprechende Schlussfolgerungen für die zu erwartende Entwicklung der Nachfrage nach Miet- und Eigentumswohnungen.

Im Zusammenhang damit sollte jeweils auch die Bautätigkeit am Wohnungsmarkt analysiert werden. Indikatoren dafür sind insbesondere die veröffentlichten Statistiken zu den erteilten Baugenehmigungen sowie zu den Wohnungsfertigstellungen. Tendenziell sind die Rahmenbedingungen für Investitionen am Wohnungsmarkt dann besonders gut, wenn es einen Nachfrageüberhang gibt, weil zum Beispiel die Einwohnerzahl wächst, aber nicht ausreichend Wohnungen gebaut werden, um den Bedarf zu decken. Umgekehrt sollten Wohnungskäufer vorsichtig sein, wenn an einem Standort, dessen Einwohnerzahl perspektivisch zurückgeht, relativ viele neue Wohnungen entstehen, da dann Überangebote und Leerstände drohen.

Bei der Beurteilung des Mikrostandorts hingegen geht es vor allem um die Qualität des Wohnumfeldes, die Verkehrsanbindung und die vorhandene Infrastruktur. Bereits hier wird deutlich, dass diese Kriterien bei einer bestimmten Eigentumswohnung von verschiedenen Kaufinteressenten durchaus unterschiedlich bewertet werden können. Während für jüngere Familien mit Kindern beispielsweise die Nähe zu Kitas und Schulen erhebliches Gewicht hat, spielen bei älteren Menschen vor allem fußläufig erreichbare Einkaufsmöglichkeiten, Arztpraxen und Haltestellen öffentlicher Verkehrsmittel eine zentrale Rolle bei der Beurteilung des Mikrostandorts.

Neben wirtschaftlichen Aspekten und Lagekriterien spielt natürlich auch die Bausubstanz eine nicht zu unterschätzende Rolle. So lässt sich die Frage, ob ein vom Verkäufer geforderter Kaufpreis angemessen ist, ohne Informationen über einen eventuellen Instandhaltungsrückstau und anstehende größere Reparaturmaßnahmen kaum beantworten. Ein Eingehen auf technische Details würde an dieser Stelle den Rahmen sprengen, doch sei hier zumindest darauf hingewiesen, dass es sich bei allen Zweifelsfällen lohnt, einen Gutachter zu beauftragen. Denn die Kosten für die Erstellung des Gutachtens dürften in den allermeisten Fällen deutlich geringer sein als der wirtschaftliche Schaden, den ein Investor aufgrund von schadhafter oder sanierungsbedürftiger Bausubstanz erleiden kann. Die Beurteilung der Bausubstanz sollte sich dabei nicht allein auf den baulichen Zustand des Gebäudes beschränken, sondern auch solche Aspekte einbeziehen, die sich bei der Vermietung der Immobilie vorteilhaft oder nachteilig auswirken können. Dazu gehören effiziente Grundrisse ebenso wie das Vorhandensein von Terrassen oder Balkonen, Aufzügen, Abstellmöglichkeiten für Kinderwagen, Fahrräder oder Rollatoren und gegebenenfalls auch die Barrierefreiheit der Wohnung. Welches Gewicht diese Aspekte im Einzelfall haben, hängt vor allem von den infrage kommenden Mieter-Zielgruppen ab. Bei einem kleinen Appartement in Universitätsnähe, das vermutlich eher an Studenten oder Gastwissenschaftler während eines Forschungsaufenthaltes vermietet wird, sind Aufzug und Barrierefreiheit naturgemäß weniger entscheidend als bei einer Wohnung in einer ruhigen, vor allem von älteren Menschen bevorzugten Wohngegend.

1.2. Finanzierung eines Immobilienkaufs

Die Frage nach der Finanzierbarkeit und nach der Art der Finanzierung sollte frühzeitig vor einem beabsichtigten Immobilienkauf geklärt werden, damit der Erwerb nicht im letzten Moment daran scheitert, dass der Käufer nicht rechtzeitig die benötigte Bankfinanzierung erhält. Gerade bei einer Investition wie dem Kauf einer Vorsorgewohnung geht es jedoch nicht allein um die Frage, ob und in welcher Höhe der Käufer einen Kredit erhalten und wie er die damit verbundenen laufenden Belastungen durch Zins- und Tilgungszahlungen tragen kann. Vielmehr sollte im Rahmen der Investitionsrechnung auch geprüft werden, ob und in welchem Umfang die Aufnahme von Fremdkapital einerseits im Hinblick auf die Optimierung der Eigenkapitalrentabilität sinnvoll sein kann und wo andererseits die durch die individuelle Risikoakzeptanz bestimmte Grenze für die Fremdkapitalaufnahme liegt. Die rechtlichen Fragen, über die Immobilienkäufer im Zusammenhang mit der Finanzierung Bescheid wissen sollten, werden später noch eingehender behandelt.

1.3. Steuerliche Aspekte der Kaufentscheidung

Die steuerlichen Aspekte eines Immobilienkaufs sollten ebenfalls nicht unterschätzt werden, und es lohnt sich, dieses Thema vor einer konkreten Kaufentscheidung eingehend mit einem Steuerberater zu erörtern. Aufgrund der Komplexität der Materie ist dem Thema in diesem Buch ebenfalls ein eigener Abschnitt gewidmet. Vorab sei hier jedoch darauf hingewiesen, dass ein Immobilienkauf niemals allein mit der Absicht erfolgen sollte, seine Steuerlast durch erzielte steuerliche Verluste zu mindern. Dieses Motiv hat in der Vergangenheit bei vielen Immobilienkäufern eine wesentliche Rolle gespielt – insbesondere dann, wenn staatliche Förderungen durch Sonderabschreibungen genutzt werden konnten. Derartige Steuervorteile haben jedoch zum einen stark an Bedeutung verloren, weil die entsprechenden rechtlichen Grundlagen im Laufe der Zeit geändert wurden. Zum anderen lehrt die Erfahrung, dass derartige Steuervorteile aus wirtschaftlicher Sicht allenfalls dazu dienen können, ein ohnehin attraktives und rentables Investment noch etwas rentabler zu gestalten. Von dem Versuch, ein an sich unrentables Investment durch die Nutzung von Steuervorteilen so zu gestalten, dass es auf den ersten Blick Gewinn verspricht, kann dagegen nur abgeraten werden. Zu groß ist das Risiko, dass aus steuerlichen Verlusten ganz reale wirtschaftliche Einbußen werden, wenn sich ein solches Investment nicht planmäßig entwickelt.

1.4. Die Umsetzung der Kaufentscheidung

Wer sich zum Kauf einer Vorsorgewohnung entschlossen hat, sollte seine Entscheidung zügig, aber mit Bedacht umsetzen. „Zügig" bedeutet in diesem Zusammenhang, dass es wenig Sinn hat, einen Kauf immer wieder aufzuschieben, ohne dass triftige Gründe gegen den Kauf sprechen. Denn die Zeit ist gerade bei Immobilieninvestitionen ein wichtiger Faktor. Je früher eine vermietete Immobilie erworben wird und je früher sie schuldenfrei ist, desto eher kann sie die ihr zugedachte Rolle als Vorsorgekomponente erfüllen.

Andererseits sollte die Kaufentscheidung nicht übereilt und schon gar nicht unter Druck gefällt werden, weil dann wichtige Aspekte oftmals ungeklärt bleiben – verbunden mit einem entsprechend höheren Risiko von Fehlentscheidungen. Jeder Immobilienkäufer sollte darauf bestehen, dass seine Fragen vom Verkäufer erschöpfend beantwortet werden, bevor er seine Unterschrift unter den Kaufvertrag setzt. Es ist kaum nachvollziehbar, dass jemand, der vor einem Autokauf mehrere Wochen oder Monate lang Prospekten liest, Autohändler besucht und eventuell Probefahrten macht, die Entscheidung für die Investition in eine Immobilie innerhalb von weniger als einer Stunde fällt – obwohl sie den zehnfachen Wert eines Wagens überschreiten kann. Neben dem Studium der Angebotsunterlagen sollten Käufer sich auch über den Anbieter der Wohnung, über dessen Erfahrung sowie über seine bereits realisierten Projekte informieren. Denn das Vergleichen von Angeboten und Anbietern sollte beim Kauf einer Vorsorgewohnung mindestens ebenso selbstverständlich sein wie beim Autokauf.

1.5. Nach dem Kauf

Gerade bei einer so langfristigen Investition wie einem Immobilienkauf werden die Weichen für den wirtschaftlichen Erfolg oder Misserfolg nicht allein mit dem Kauf gestellt. Vielmehr gilt es, die Investition auch nach Abwicklung der Transaktion kontinuierlich im Blick zu behalten und die Wohnung effizient zu verwalten. Untersuchungen haben gezeigt, dass viele private Eigentümer von vermieteten Wohnungen nicht die Rendite erwirtschaften, die sie theoretisch erzielen könnten, weil sie mit der Verwaltung ihres Immobilieneigentums überfordert sind oder sich nicht ausreichend darum kümmern. Deshalb lohnt es sich in jedem Fall, sich wenigstens mit einigen Grundlagen des Mietrechts und der Verwaltung von Mietwohnungen vertraut zu machen – Themen, denen ebenfalls ein eigener Abschnitt dieses Buchs gewidmet ist.

UFERKRONE
Neubauprojekt mit 224 Wohneinheiten in Berlin,
Bezirk Treptow-Köpenick,
Ortsteil Köpenick (Gesamtfertigstellung 2022)
uferkrone.de

KAPITEL **ZWEI**

In diesem Kapitel erfahren Sie das Wichtigste zu den steuerlichen Fragestellungen in den verschiedenen Lebensphasen des Anlegers. Außerdem finden Sie einen Überblick zur Besteuerungssituation bei gängigen Nutzungsarten einer Immobilie, zu Werbungskosten und den Absetzungen für Abnutzung bei Gebäuden (AfA).

2. BESTEUERUNG VON ERWERB, VERMIETUNG UND VERÄUSSERUNG EINER MIETWOHNUNG

2.1. Überblick: Steuerliche Folgen in verschiedenen Lebensphasen des Anlegers

Immobilieninvestitionen, insbesondere der Erwerb von Wohneigentum zum Zweck der Vermietung, führen in der Regel zu steuerlichen Verlusten. Dies ist darauf zurückzuführen, dass den Mieteinnahmen nicht nur die Zinsausgaben für ein zur Finanzierung des Immobilienkaufs aufgenommenes Darlehen gegenüberstehen. Vielmehr können auch die auf das Gebäude entfallenden Anschaffungs- bzw. Herstellungskosten steuerlich abgeschrieben werden. Die steuerliche Berücksichtigung dieser Kosten ist dadurch gerechtfertigt, dass sie Voraussetzung dafür sind, dass überhaupt Einkünfte in Form von Mieteinnahmen erzielt werden können.

Wenn den steuerlichen Abschreibungen kein Wertverlust der Immobilie oder gar ein Wertgewinn gegenübersteht, werden laufende steuerliche Verluste mit der Aussicht auf einen steuerfreien Veräußerungsgewinn kombiniert. In Zeiten extrem niedriger Zinsen kann der laufende Verlust geringer sein oder es mag sogar dazu kommen, dass keine steuerlichen Verluste mehr zu verzeichnen sind. Eine niedrige Zinslast macht die Investition aber insgesamt noch attraktiver, wenn die Wertentwicklung der Immobilie den Erwartungen des Investors entspricht.

Die meisten Berufsanfänger beginnen mit geringen Einstiegsgehältern, die sie in den ersten Jahren der Karriereentwicklung steigern können. Aufgrund der progressiven Steuersätze ist die Steuerbelastung anfänglich gering. Erst nach einigen Jahren der beruflichen Aktivität wird der höchste Einkommensteuersatz erreicht. Diese hohen Steuersätze werden dann sehr häufig über viele Jahre bis zum Eintritt ins Rentenalter beibehalten. Nach der aktiven Tätigkeit dagegen sinken Einkommen und Steuerbelastung im Regelfall wieder auf ein geringeres Niveau.

In der Phase der hohen Steuerbelastung führen Investitionen, die zu steuerlichen Verlusten führen, zu einer hohen Steuerersparnis. Bei der Investition in eine Mietwohnung kann die steuerliche Verlustsituation mehrere Jahre anhalten und über diesen Zeitraum Steuerersparnisse ermöglichen. Hieraus ergibt sich, dass der volle steuerliche Vorteil einer Immobilieninvestition erreicht werden kann, wenn die Immobilie in der Phase der höchsten Steuerbelastung erworben wird und diese Steuersituation noch mehrere Jahre andauert. Wenn das Einkommen des Investors stark schwankt, kann dies den steuerlichen Vorteil in Jahren, in denen der Steuersatz niedriger liegt, reduzieren.

Nach Ablauf von zehn Jahren kann die Wohnung verkauft und ein eventuell erzielter Gewinn steuerfrei vereinnahmt werden, wenn bestimmte Voraussetzungen vorliegen, die im Folgenden noch im Detail betrachtet werden.

M. Fesselmann, R. Kobabe, K. Schwenzfeier, U. Siegemund, *Vorsorgewohnen in Deutschland*,
https://doi.org/10.1007/978-3-658-21288-9_2

Der höchste Steuersatz beträgt 45 % zuzüglich Solidaritätszuschlag von 5,5 % auf die Einkommensteuer. Dieser Steuersatz ist maßgeblich für ledige Personen auf zu versteuerndes Einkommen, das Euro 254.447 übersteigt. Bei Verheirateten (Splittingtarif) ist insoweit der doppelte Betrag (Euro 508.894) maßgebend. Für ein zu versteuerndes Einkommen von Euro 53.666 bis Euro 254.447 (Grundtarif) bzw. von Euro 107.332 bis Euro 508.894 (Splittingtarif) beträgt der Steuersatz 42 %. Für zu versteuerndes Einkommen unter diesen Beträgen steigt der Steuersatz mit steigendem Einkommen von 14 % auf 42 % an. Für Kirchenmitglieder kommt zur Einkommensteuer Kirchensteuer hinzu. Sie beträgt in Bayern und Baden-Württemberg 8 %, in allen anderen Bundesländern hingegen 9 % der Einkommensteuer.

2.2. Erwerb der Wohnung

Einkommensteuer
Der Erwerb einer Wohnimmobilie selbst ist für den Erwerber nicht einkommensteuerpflichtig.

Grunderwerbsteuer
Der Erwerb einer Immobilie ist grunderwerbsteuerpflichtig. Bemessungsgrundlage ist dabei der Kaufpreis. Werden durch den Kaufvertrag Verbindlichkeiten des Veräußerers übernommen, erhöhen diese den Kaufpreis und die grunderwerbsteuerliche Bemessungsgrundlage.

Wenn der Kaufvertrag auf ein Grundstück mit noch zu errichtendem Gebäude gerichtet ist, ist es in diesem zukünftigen Zustand grunderwerbsteuerlich Gegenstand des Erwerbsvorgangs. Die Grunderwerbsteuer ist dann auf den Preis einschließlich des Teils, der auf die Verpflichtung zur Herstellung des Gebäudes entfällt, zu ermitteln. Wenn die Vereinbarung über die Errichtung eines Gebäudes nicht im Kaufvertrag enthalten ist, sondern sich aus einem oder mehreren weiteren Verträgen neben dem Kauf ergibt, ist das zu errichtende Gebäude ebenfalls Gegenstand der Grunderwerbsteuer, wenn der rechtliche Zusammenhang der Verträge auf einen einheitlichen Leistungsgegenstand „bebautes Grundstück" gerichtet ist.

Auch ohne diese vertragliche Verbindung ist das bebaute Grundstück Gegenstand des Erwerbsvorganges, wenn zwischen den Verträgen ein so enger sachlicher Zusammenhang besteht, dass der Erwerber bei objektiver Betrachtungsweise als einheitlichen Leistungsgegenstand das bebaute Grundstück erhält. Dabei können auf Veräußererseite durchaus verschiedene Personen agieren, wenn deren Zusammenwirken dazu führt, dass der Erwerber ein bebautes Grundstück erhält. Ergebnis ist in diesen Fällen, dass neben dem im Grundstückskaufvertrag vereinbarten Kaufpreis die Entgelte für die Errichtung des Gebäudes zur Bemessungsgrundlage der Grunderwerbsteuer gehören.

Der Grunderwerbsteuersatz wird vom jeweiligen Bundesland bestimmt und kann der folgenden Tabelle entnommen werden.

Tabelle: Grunderwerbsteuersätze (Stand Dezember 2017)

Bundesland	Grunderwerbsteuersatz
Baden-Württemberg	5,0%
Bayern	3,5%
Berlin	6,0%
Brandenburg	6,5%
Bremen	5,0%
Hamburg	4,5%
Hessen	6,0%
Mecklenburg-Vorpommern	5,0%
Niedersachsen	5,0%
Nordrhein-Westfalen	6,5%
Rheinland-Pfalz	5,0%
Saarland	6,5%
Sachsen	3,5%
Sachsen-Anhalt	5,0%
Schleswig-Holstein	6,5%
Thüringen	5,0%

Steuerschuldner für die Grunderwerbsteuer gegenüber dem Finanzamt sind der Käufer und der Verkäufer. Üblicherweise wird jedoch im Kaufvertrag vereinbart, dass die Steuer vom Erwerber getragen wird.

Das Grundbuchamt trägt den Erwerber erst dann als Eigentümer in das Grundbuch ein, wenn eine sogenannte Unbedenklichkeitsbescheinigung des Finanzamts vorliegt. Diese wird erst dann erteilt, wenn die Grunderwerbsteuer für den Erwerb der betreffenden Immobilie bezahlt wurde. Daher wird der Erwerber einer Immobilie die Zahlung der Grunderwerbsteuer von sich aus gern beschleunigen.

Umsatzsteuer
Die Veräußerung von Immobilien ist umsatzsteuerfrei. Der Veräußerer kann sich allerdings dazu entscheiden, die Veräußerung der Umsatzsteuer zu unterwerfen. Wenn er das tut, kann er die Umsatzsteuer, die ihm selbst, etwa von Bauunternehmern, in Rechnung gestellt wurde, vom Finanzamt erstattet bekommen. Der private Erwerber einer Wohnimmobilie sollte dies aber nicht akzeptieren, da er seinerseits die Umsatzsteuer auf den Kaufpreis vom Finanzamt nicht erstattet bekommt. Ein Kaufvertrag über eine Wohnimmobilie, in dem der Verkäufer zur Umsatzsteuer optiert, sollte daher vom Erwerber nicht unterzeichnet werden.

Grundsteuer
Der Erwerber einer Immobilie haftet neben dem Veräußerer für Grundsteuer, die für die Zeit seit dem Beginn des letzten vor der Übereignung liegenden Kalenderjahres zu entrichten ist. Es kann daher empfehlenswert sein, vom Veräußerer vor dem Kauf den Nachweis der Zahlung dieser Grundsteuer zu verlangen.

2.3. Vermietung der Wohnung

Einkommensteuer
Die ertragsteuerliche Behandlung einer Immobilieninvestition hängt entscheidend davon ab, ob die Immobilie zum Privatvermögen oder zum Betriebsvermögen gehört. Entsteht Betriebsvermögen, so wird neben der Einkommensteuer auch Gewerbesteuer erhoben. Der typische private Investor, der eine oder mehrere Wohnimmobilien erwirbt, wird die Behandlung als Privatvermögen anstreben, um die Gewerbesteuer zu vermeiden und die Möglichkeit zu haben, seine Immobilie nach Ablauf von zehn Jahren steuerfrei zu verkaufen. Auch wenn er mehrere Immobilien erwirbt, bleiben diese Privatvermögen, wenn er sie zum Zweck der dauerhaften Vermietung erwirbt.

Betriebsvermögen entsteht, wenn die private Vermögensverwaltung überschritten wird. Dies ist dann der Fall, wenn der Investor zum Beispiel ein Bauunternehmer oder Bauträger ist oder mit Immobilien handelt. Der An- und Verkauf von Grundstücken sowie der Erwerb von Grundstücken mit nachfolgender Errichtung oder Aufteilung von Gebäuden und deren Veräußerung können die private Vermögensverwaltung überschreiten. Zur Abgrenzung wird die vom Bundesfinanzhof entwickelte „Drei-Objekt-Grenze" herangezogen. Wer drei Objekte veräußert, bei denen zwischen dem Kauf bzw. der Errichtung und dem Verkauf nicht mehr als fünf Jahre vergehen, wird gewerblich tätig. Aber auch der Erwerb einer Immobilie mit Veräußerungsabsicht kann bereits den Bereich der privaten Vermögensverwaltung überschreiten. In diesem Buch werden ausschließlich die steuerlichen Folgen einer Investition in eine Wohnimmobilie im Privatvermögen betrachtet.

Einkunftserzielungsabsicht oder Liebhaberei
Der Erwerb und die Nutzung einer Wohnung oder anderer Immobilien ist nur dann einkommensteuerlich relevant, wenn die Absicht besteht, damit auf Dauer Überschüsse zu erzielen. Fehlt diese Einkunftserzielungsabsicht dagegen, sind keinerlei Einkünfte anzusetzen, also auch keine Verluste abzuziehen. Bei der auf Dauer angelegten Vermietung von Wohnungen wird ohne weitere Prüfung von einer Einkunftserzielungsabsicht ausgegangen, auch wenn über viele Jahre nur Verluste zu verzeichnen sind. Anders ist dies nur, wenn besondere Umstände gegen eine auf Dauer angelegte Vermietung oder für eine private Veranlassung sprechen. Solche besonderen Umstände liegen vor, wenn die Vermietung befristet ist, zeitnah zur Eigennutzung übergegangen oder die Wohnung zeitnah veräußert wird. Auch bei leerstehenden Wohnungen, Luxuswohnungen und Ferienwohnungen kann die Einkunftserzielungsabsicht vom Finanzamt hinterfragt werden. Bei Ferienwohnungen ist das jedoch nicht der Fall, wenn die Wohnung ausschließlich an Feriengäste vermietet wird.

Eine selbst genutzte Wohnimmobilie dient nicht zur Erzielung von Einkünften. Ihre Nutzung ist deshalb einkommensteuerlich irrelevant.

Verbilligte Überlassung von Wohnraum
Wenn eine Wohnung für weniger als 66 % der ortsüblichen Miete überlassen wird, ist die Nutzungsüberlassung in einen entgeltlichen und einen unentgeltlichen Anteil aufzuteilen. Wenn mindestens 66 % erreicht werden, wird von Vollentgeltlichkeit ausgegangen und die Werbungskosten können voll abgezogen werden. Wenn 66 % nicht erreicht werden, können die Werbungskosten nur in Höhe des entgeltlichen Teils abgezogen werden.

Diese Regeln gelten auch bei der verbilligten Überlassung einer Wohnung an Angehörige. Auf die Anforderungen an die Anerkennung des Mietverhältnisses mit Angehörigen wird im Folgenden noch eingegangen.

Einnahmenüberschussrechnung
Besteuert wird im Rahmen der privaten Vermietung einer Immobilie der Überschuss der Einnahmen über die Werbungskosten. Wenn die Werbungskosten die Einnahmen übersteigen, entstehen Verluste, die von anderen Einkünften, bei Angestellten insbesondere von deren Einkünften aus dem Arbeitsverhältnis, abgezogen werden und damit die Steuerbelastung insgesamt reduzieren.

Für die zeitliche Berücksichtigung von Einnahmen und Werbungskosten gilt das Zu- und Abflussprinzip. Danach entfalten Betriebseinnahmen erst mit Eingang der Zahlungen und Werbungskosten erst mit Zahlung durch den Steuerpflichtigen steuerliche Wirkung. Auf das

Rechnungsdatum, den Eingang der Rechnung oder den Zeitpunkt der Erbringung der Leistung kommt es dabei nicht an.

Einnahmen

Einnahmen sind in diesem Zusammenhang insbesondere die Mietzahlungen und die Nebenkostenerstattungen des Mieters an den Vermieter.

Werbungskosten

Zu den Werbungskosten gehören beim Vermieten einer Eigentumswohnung alle Aufwendungen, die durch die Erzielung der steuerpflichtigen Einnahmen wirtschaftlich veranlasst sind. Neben den Finanzierungskosten und den AfA sind dies beispielsweise die Grundsteuer, Gebäudeversicherungsbeiträge, Beiträge zum Haus- und Grundbesitzerverein, Umlagen, Kosten der Hausverwaltung, Reparatur- und Renovierungskosten und auch Fahrtkosten.

Auch der Erhaltungsaufwand gehört zu den Werbungskosten. Die Abgrenzung zwischen Erhaltungsaufwand und nachträglichen Anschaffungs- und Herstellungskosten nach Anschaffung der Immobilie ist sehr stark umstritten (siehe dazu unten). Größerer Erhaltungsaufwand für Gebäude, die überwiegend Wohnzwecken dienen, kann steuerlich über einen Zeitraum von zwei bis fünf Jahren gleichmäßig verteilt werden.

Die erstmalige Erschließung des Grundstücks (z.B. der erstmalige Anschluss des Grundstücks an Wasserver- und Abwasserentsorgung) gehört nicht zu den Erhaltungsmaßnahmen, sondern zu den Herstellungskosten. Die Verbesserung der Erschließung (z.B. Ersatz einer Sickergrube durch einen Kanalanschluss) hat dagegen Erhaltungsaufwand zur Folge, wenn nicht das Grundstück in seiner Substanz oder seinem Wesen verändert wird.

Wenn das Eigentum an dem Grundstück nicht übertragen wird, sondern dem Investor nur ein Erbbaurecht eingeräumt wird, gehört der Erbbauzins ebenfalls zu den Werbungskosten.

Eigene Arbeitsleistung des Steuerpflichtigen beim Hausbau führt nicht zu Werbungskosten und erhöht auch nicht die Herstellungskosten.

Absetzungen für Abnutzung bei Gebäuden (AfA)

Die Absetzungen für Abnutzung bei Gebäuden werden bei Erwerb einer Immobilie auf der Grundlage der Anschaffungskosten bzw. bei der Errichtung durch den Steuerpflichtigen auf der Grundlage der Herstellungskosten ermittelt.

Der Teil der Anschaffungskosten, der auf den Grund und Boden entfällt, kann nicht abgeschrieben werden, da der Grund und Boden keinem technischen Wertverzehr unterliegt. Die Anschaffungskosten sind daher auf Grund und Boden einerseits und Gebäude andererseits aufzuteilen. Die Aufteilung erfolgt nach dem Verhältnis der Verkehrswerte. Der Bundesfinanzhof hat in einem Urteil vom 16. September 2015 entschieden, dass eine vertragliche Kaufpreisaufteilung von Grundstück und Gebäude der Berechnung der AfA-Bemessungsgrundlage für das Gebäude zu Grunde zu legen ist, sofern sie zum einen nicht nur zum Schein getroffen wurde sowie keinen Gestaltungsmissbrauch darstellt und zum anderen auf der Grundlage einer Gesamtwürdigung der das Grundstück und das Gebäude betreffenden Einzelumstände nicht die realen Wertverhältnisse in grundsätzlicher Weise verfehlt und wirtschaftlich unhaltbar erscheint.

Auf der Homepage des Bundesfinanzministeriums findet sich eine Arbeitshilfe zur Aufteilung eines Gesamtkaufpreises für ein bebautes Grundstück und eine Anleitung dazu:
http://www.bundesfinanzministerium.de/Content/DE/Standardartikel/Themen/Steuern/Steuerarten/Einkommenssteuer/2017-03-01-Berechnung-Aufteilung-Grundstueckskaufpreis.html

Die Aufteilung ist auch beim Erwerb von Eigentumswohnungen vorzunehmen. Beim Erwerb von Eigentumswohnungen ist zu beachten, dass ein Teil des Kaufpreises für den Anteil an der Instandhaltungsrücklage gezahlt wird. Dieser Kaufpreisanteil gehört nicht zu den Anschaffungskosten der Wohnung.

Anschaffungs- und Herstellungskosten
Neben dem Kaufpreis umfassen die Anschaffungskosten auch alle Anschaffungsnebenkosten. Dies sind unvermeidlich die Notarkosten und die Grunderwerbsteuern, aber auch alle anderen Aufwendungen, die im unmittelbaren wirtschaftlichen Zusammenhang mit der Anschaffung stehen. Dazu gehören Maklerkosten, Anwaltskosten, Grundbucheintragungsgebühren, Kosten der steuerlichen oder sonstigen Beratung ebenso wie Reisekosten.

Gebühren des Notars und des Grundbuchamts im Zusammenhang mit der Eintragung von Sicherheiten im Grundbuch sind keine Anschaffungsnebenkosten, sondern gehören zu den Finanzierungskosten und sind im Jahr der Zahlung sofort abzugsfähige Werbungskosten.

Auch die Beiträge für die erstmalige Erschließung eines Grundstücks gehören zu den Anschaffungskosten des Grund und Bodens.

Zu den Herstellungskosten gehören die Kosten für Baugenehmigung, Bauunternehmer, Bauhandwerker, Architekt, Statiker, Generalunternehmer, Baumaterial usw. Anschlüsse an Strom, Wasser und Abwasser und Gas auf dem Grundstück gehören zu den Herstellungskosten ebenso wie Wege und Zufahrten von der Grundstücksgrenze. Garagen und Nebenanlagen gehören zum Gebäude, deren Herstellungskosten zu den Herstellungskosten des Gebäudes.

Zinsen und Versicherungsbeiträge während der Bauphase gehören jedoch nicht zu den Herstellungskosten, sondern können als Werbungskosten abgezogen werden.

Nachträgliche Herstellungskosten sind im Jahr ihrer Entstehung der ursprünglichen AfA-Bemessungsgrundlage hinzuzurechnen.

Abgrenzung von Anschaffungskosten und Erhaltungsaufwendungen
Die Unterscheidung zwischen nachträglichen Herstellungs- bzw. Anschaffungskosten, die zu Abschreibungen führen und Erhaltungsaufwendungen, die zu sofort abzugsfähigen Werbungskosten führen, hat erhebliche steuerliche Auswirkungen.

Jährlich üblicherweise anfallende Erhaltungsaufwendungen (z.B. Schönheitsreparaturen, Wartungskosten) sind immer sofort abziehbare Werbungskosten. Aufwand für die Herstellung von Erweiterungen, z.B. Anbauten, Vergrößerungen der Wohn- oder Nutzfläche sind immer Herstellungskosten, die die Bemessungsgrundlage der AfA erhöhen.

Nach dem Erwerb einer Wohnimmobilie ist innerhalb von drei Jahren nach der Anschaffung zwischen Erhaltungsaufwand und nachträglichen Herstellungskosten zu unterscheiden. Wenn Maßnahmen, die nicht bloßer jährlicher Erhaltungsaufwand und keine Erweiterungen sind, zu einem Aufwand führen, der (ohne Berücksichtigung der darin enthaltenen Umsatzsteuer) 15 % der Anschaffungskosten des Gebäudes übersteigt, werden diese als anschaffungsnaher Herstellungsaufwand behandelt, was nur zur Erhöhung der AfA-Bemessungsgrundlage führt. Wird diese Grenze nicht überschritten, liegen Erhaltungsaufwendungen und damit sofort abzugsfähige Werbungskosten vor. Wenn die Grenze von 15 % nicht überschritten wird, handelt es sich dennoch um nachträgliche Herstellungskosten, wenn diese Maßnahmen zur Betriebsbereitschaft erforderlich sind. Die Abgrenzung zwischen sofort abzugsfähigem Erhaltungsaufwand und nachträglichen Herstellungskosten war lange Zeit umstritten, ist aber nunmehr in § 6 Abs. 1 Nr. 1a EStG fixiert. Dennoch gibt es zu dieser Abgrenzung eine Vielzahl von Zweifelsfragen, zu denen sich die Finanzverwaltung teilweise geäußert hat, die aber auch die Finanzgerichte bereits beschäftigt haben oder noch beschäftigen werden.

Beginn und Ende der AfA
Die Afa beginnt, wenn das Gebäude angeschafft oder hergestellt ist. Der Zeitpunkt der Zahlung der Anschaffungs- bzw. Herstellungskosten ist für den Beginn der AfA nicht maßgeblich. Bei Anschaffung ist nicht der Notartermin oder der Übergang des Eigentums maßgebend, sondern der Zeitpunkt des Übergangs von Nutzen und Lasten. Ab Übergang von Nutzen und Lasten trägt der Erwerber die Kosten der Immobilie und erhält die Miete. Bei Herstellung eines Gebäudes beginnt die AfA, wenn das Gebäude fertiggestellt und damit bewohnbar ist.

Im Jahr der Anschaffung bzw. Herstellung und im Jahr der Veräußerung wird die AfA nur zeitanteilig abgezogen. Dies gilt auch, wenn die Immobilie nicht mehr zur Erzielung von

Einnahmen eingesetzt wird, etwa wenn die Wohnung nicht mehr vermietet, sondern selbst genutzt wird.

Die Abschreibung von als Denkmal geschützten Immobilien nach § 7i EStG und von Immobilien in Sanierungsgebieten und städtebaulichen Entwicklungsbereichen nach § 7h EStG kann im Jahr der Veräußerung mit dem vollen Jahresbetrag angesetzt werden.

Abschreibungssätze
Wohnimmobilien werden nach § 7 Abs. 4 Satz 1 Nr. 2 EStG mit jährlich 2 %, also über 50 Jahre, abgeschrieben. Gebäude, die vor dem 1. Januar 1925 fertiggestellt wurden, werden mit 2,5 % jährlich abgeschrieben. Ist die tatsächliche Nutzungsdauer kürzer als die in § 7 Abs. 4 Satz 1 Nr. 2 EStG typisierend festgelegte und kann der Steuerpflichtige das – etwa durch ein Sachverständigengutachten – nachweisen, ist den Abschreibungen die tatsächliche Nutzungsdauer zu Grunde zu legen.

Bei denkmalgeschützten Immobilien und bei Immobilien in Sanierungsgebieten und städtebaulichen Entwicklungsbereichen kann der Steuerpflichtige im Jahr der Herstellung und in den folgenden sieben Jahren jeweils bis zu 9 % und in den folgenden vier Jahren jeweils bis zu 7 % der Herstellungskosten für Baumaßnahmen, die nach Art und Umfang zur Erhaltung des Gebäudes als Baudenkmal oder zu seiner sinnvollen Nutzung erforderlich sind, absetzen. Investitionen in diese Immobilien werden auf diesem Weg steuerlich besonders gefördert.

Die sogenannten Absetzungen für außergewöhnliche technische oder wirtschaftliche Abnutzung (AfaA) nach § 7 Abs. 1 Satz 7 EStG erfolgen z.B. nach einem Brand in dem Veranlagungszeitraum des Schadenseintritts, während der Schadenersatz der Versicherung im Jahr der Zahlung zu berücksichtigen ist. Es ist darauf zu achten, dass die AfaA rechtzeitig geltend gemacht wird, da eine Nachholung in einem anderen Veranlagungszeitraum nicht möglich ist.

Schuldzinsen und sonstige Finanzierungskosten
Schuldzinsen und sonstige Finanzierungskosten sind als Werbungskosten abziehbar, soweit sie mit der Vermietung der Wohnung in wirtschaftlichem Zusammenhang stehen. Das ist der Fall bei den Zinsen auf Darlehen, die zur Anschaffung, Herstellung oder sonst zur Erzielung von Vermietungseinkünften aufgenommen wurden. Auch Zinsen, die vor Beginn der Vermietung, etwa während der Bauzeit, bezahlt wurden, können steuerlich in dem Veranlagungszeitraum geltend gemacht werden, in dem sie gezahlt wurden. Zu den sonstigen Finanzierungskosten gehören z.B. Kosten der Bestellung von Sicherheiten für Darlehensgeber, Notarkosten und Grundbuchgebühren.

Gemischt genutzte Gebäude

Wird eine Immobilie erworben oder errichtet, die vom Steuerpflichtigen teilweise selbst genutzt, teilweise vermietet wird, stellt sich die Frage nach der Zuordnung von Zinsaufwand zu dem Teil, der vermietet wird. Zur Optimierung der steuerlichen Situation ist es anzustreben, Eigenmittel dem selbst genutzten Teil der Immobilie zuzuordnen und aufgenommene Darlehen möglichst weitgehend für den später zu vermietenden Teil aufzuwenden.

Das Bundesfinanzministerium hat, der Rechtsprechung des Bundesfinanzhofs folgend, zu dieser Frage in einem Schreiben vom 16. April 2004 Stellung genommen. Danach kommt es darauf an, dass die Mittel, die der Steuerpflichtige als Darlehen aufnimmt, tatsächlich zur Finanzierung des vermieteten Gebäudeteils verwendet werden. Dazu ist zunächst die Zuordnung der Anschaffungs- oder Herstellungskosten den vermieteten bzw. den eigengenutzten Gebäudeteilen zuzuordnen.

In Anschaffungsfällen kann der Steuerpflichtige die Zuordnung nach außen erkennbar vornehmen. Dies kann durch Aufteilung des Kaufpreises im notariellen Kaufvertrag geschehen. Der Aufteilung ist vom Finanzamt zu folgen, soweit die Aufteilung nicht unangemessen ist. Wenn eine Zuordnung nicht vorgenommen wird, sind die Anschaffungskosten nach dem Verhältnis der Wohn- und Nutzflächen zu verteilen. Wird das Gebäude vom Steuerpflichtigen hergestellt, sind Kosten, die ein bestimmtes Gebäudeteil betreffen, direkt zuzuordnen. Die Zuordnung kann durch die Rechnung des Bauunternehmers oder Lieferanten erfolgen oder ist vom Steuerpflichtigen darzustellen. Aufwendungen, die das gesamte Gebäude betreffen, z.B. für Rohbau, Dach und Außendämmung, sind nach dem Verhältnis der Flächen zuzuordnen.

Nach dem BMF-Schreiben setzt der Abzug der Schuldzinsen als Werbungskosten voraus, dass der Teil der Kosten, der auf den vermieteten Teil entfällt, mit den durch ein Darlehen aufgebrachten Mitteln bezahlt wird. In Anschaffungsfällen liegt eine gesonderte Zahlung der dem vermieteten Teil zugeordneten Anschaffungskosten vor, wenn der Steuerpflichtige diese Kosten mittels eines eigenständigen Darlehens auf ein Notaranderkonto überweist, von dem der Notar den gesamten Kaufpreis auskehrt.

In Herstellungsfällen besteht der erforderliche wirtschaftliche Zusammenhang, wenn der Steuerpflichtige ein Baukonto ausschließlich mit Darlehensmitteln ausstattet und die Zahlungen der dem vermieteten Teil der Immobilie zugeordneten Herstellungskosten von diesem Konto erfolgen. Wenn der Steuerpflichtige diese getrennte Zahlung nicht umsetzt, werden die Schuldzinsen den vermieteten und selbst genutzten Teilen gleichmäßig zugeordnet. Diese Abgrenzung zeigt, dass bei gemischt genutzten Gebäuden besondere Aufmerksamkeit und auch Planung erforderlich ist, um eine steuerlich günstige Situation zu erreichen.

Vermietung an Angehörige
Der Erwerb einer Wohnung wird häufig von Eltern zur Nutzung durch Familienmitglieder, z.B. ein studierendes Kind vorgenommen. Dabei wird eine Gestaltung angestrebt, die steuerliche Vorteile zur Folge hat.

Mietverträge unter Angehörigen sind steuerlich nur anzuerkennen, wenn sie wirksam geschlossen sind und dem entsprechen, was Fremde miteinander vereinbart hätten. Nicht jede Abweichung von dem, was zwischen Fremden üblich ist, verhindert die steuerliche Anerkennung des Mietverhältnisses. So können rein formale Mängel unschädlich sein. Klare und eindeutige Regelungen der Hauptpflichten (insbesondere Bestimmung des Mietgegenstandes und der Zahlungspflichten) von Mieter und Vermieter sind jedoch erforderlich.

Die Vermietung einer Wohnung durch die Eltern an ihr unterhaltsberechtigtes Kind ist auch anzuerkennen, wenn die Eltern dem Kind vor Beginn des Mietverhältnisses einen größeren Geldbetrag geschenkt haben oder das Kind die Miete aus den Unterhaltszahlungen der Eltern erbringt.

Umsatzsteuer
Die Vermietung von Wohnimmobilien ist umsatzsteuerfrei. Der Vermieter muss auch keine Umsatzsteuererklärung abgeben.

Grundsteuer
Die Grundsteuer entsteht jährlich und wird vom Eigentümer der Immobilie entrichtet. Ihre Höhe hängt vom jeweiligen Hebesatz der Gemeinde ab, in der die Immobilie belegen ist. Sie wird üblicherweise im Rahmen der Nebenkosten an den Mieter der Immobilie weiterbelastet.

2.4. Veräußerung der Wohnung

Einkommensteuer
Wird bei der Veräußerung der vermieteten Wohnung im Privatvermögen ein steuerlicher Gewinn erzielt, ist dieser steuerpflichtig. Dabei ist der jeweilige Steuersatz des Veräußerers maßgebend, dessen Höhe durch die Einkünfte des Veräußerers einschließlich des Veräußerungsgewinns bestimmt wird. Sollte bei der Veräußerung ein Verlust entstehen, ist dieser nur mit Gewinnen aus der Veräußerung anderer Wirtschaftsgüter des Privatvermögens ausgleichsfähig.

Bei der Berechnung des Gewinns (oder Verlustes) aus der Veräußerung werden vom Veräußerungspreis die Kosten der Veräußerung (z.B. Rechtsberatung beim Verkauf) und die – um die seit Anschaffung bzw. Herstellung steuerlich genutzten Abschreibungen geminderten – Anschaffungs- und Herstellungskosten abgezogen.

Wird die Wohnung nach Ablauf von zehn Jahren veräußert, so ist diese Veräußerung steuerfrei, wenn die Wohnung sich im steuerlichen Privatvermögen befunden hat. Es ist durchaus möglich, dass in einem Zeitraum von mehr als zehn Jahren in jedem Jahr steuerliche Verluste aus der Vermietung entstehen und die Veräußerung einen erheblichen Veräußerungsgewinn einbringt. Dieses Zusammenspiel der Besteuerung der laufenden Einkünfte und der Steuerfreiheit des Veräußerungsgewinns macht die Investition in Wohnimmobilien für Privatpersonen besonders interessant.

Wenn die veräußerte Wohnung im Jahr der Veräußerung und den beiden vorangegangenen Jahren zu eigenen Wohnzwecken genutzt wurde, ist der Veräußerungsgewinn auch vor Ablauf der Zehn-Jahres-Grenze steuerfrei.

Auswirkungen der Veräußerung auf die laufende Besteuerung

Vorfälligkeitsentschädigungen
Wenn die Immobilie veräußert wird und für die Kündigung des Darlehens Vorfälligkeitsentschädigungen an die Bank zu zahlen sind, gehören diese nicht zu den Werbungskosten der Einkünfte aus Vermietung und Verpachtung. Die Vorfälligkeitsentschädigungen sind auch nicht als Werbungskosten bei den Einkünften aus privaten Veräußerungsgeschäften abziehbar, wenn die Veräußerung der Immobilie, etwa wegen der Veräußerung außerhalb des Zeitraums von zehn Jahren nach der Anschaffung, steuerfrei ist.

Nachträgliche Schuldzinsen
Schuldzinsen für Darlehen, die zur Finanzierung der Anschaffung oder Herstellung der vermieteten Immobilie oder zur Finanzierung von Erhaltungsaufwendungen aufgenommen wurden und die nach der Veräußerung der Immobilie noch zu zahlen sind, können als nachträgliche Werbungskosten abgezogen werden, wenn der Veräußerungserlös zur Tilgung des Darlehens nicht ausreicht. Nach dem Grundsatz des Vorrangs der Schuldentilgung sind die Zinsen insoweit nicht mehr abzugsfähig als die Tilgung aus dem Veräußerungserlös möglich gewesen wäre.

Grunderwerbsteuer
Die Veräußerung einer Immobilie ist grunderwerbsteuerpflichtig. Es ist üblich, dass diese Steuer vom Erwerber getragen wird. Allerdings kann das Finanzamt die Zahlung der Steuer auch vom Veräußerer verlangen. Ein Risiko ergibt sich daraus bei den üblichen vertraglichen Gestaltungen aber nicht. Bemessungsgrundlage der Grunderwerbsteuer ist der Kaufpreis.

Umsatzsteuer
Die Veräußerung von Wohnimmobilien ist umsatzsteuerbefreit. Siehe dazu und zur Option zur Umsatzsteuer die obigen Erläuterungen im Zusammenhang mit dem Immobilienerwerb.

52° Nord
Wohnquartier mit rund 1.000 Wohneinheiten in Berlin,
Bezirk Treptow-Köpenick,
Ortsteil Grünau (Gesamtfertigstellung 2023)
52grad-nord.de

KAPITEL **DREI**

Das folgende Kapitel bietet einen Überblick zu den rechtlichen Fragestellungen für Kapitalanleger. Zudem erfahren Sie, welche Unterlagen, Vorschriften und gesetzlichen Grundlagen für die Beteiligten eines Immobilienkaufs relevant sind und welche juristischen Aspekte Sie berücksichtigen sollten.

3. RECHTLICHE ASPEKTE BEI VORSORGEWOHNUNGEN ALS KAPITALANLAGE

Wer sein Kapital anlegen möchte, steht vor einer schwer überschaubaren Anzahl von Möglichkeiten: angefangen von sehr einfach strukturierten Produkten wie Sparbüchern, über offene oder geschlossene Fonds, Bundes- oder Industrieanleihen oder Aktien bis hin zu komplizierten Zertifikaten, Gold oder auch Immobilien, z.B. in Form einer Vorsorgewohnung. Die Anbieter dieser Produkte befinden sich mittlerweile nicht mehr nur in Deutschland, sondern in der ganzen Welt, was das Anlagespektrum noch unübersichtlicher macht.

So unterschiedlich die Anlagemöglichkeiten auch sind, sie haben eines gemeinsam: Um für denjenigen, der sein Geld anlegen möchte, eine gute Kapitalanlage zu sein, muss sie zu ihm passen. Die Motivation des Anlegers und das Ziel, das mit der Kapitalanlage erreicht werden soll, ebenso wie die Risiken, die der Anleger bereit ist einzugehen, sind sehr unterschiedlich. Vor der Entscheidung, sein Geld in ein bestimmtes Finanzprodukt oder eine bestimmte Immobilie zu investieren, sind daher viele Fragen zu klären. Dabei gilt es zum einen, herauszufinden, welchen Zweck man mit einer konkreten Kapitalanlage verfolgt und zum anderen, aus der Fülle der Anlagemöglichkeiten diejenige auszuwählen, die für den gewünschten Zweck am geeignetsten erscheint.

Prinzipiell sind es drei Parameter, anhand derer man entscheiden sollte, ob ein Produkt als Kapitalanlage in Frage kommt: Sicherheit, Liquidität und Rentabilität. Diese Parameter stehen jedoch nicht unabhängig im Raum, sondern in einer gegenseitigen Wechselbeziehung: Bei einer hohen Sicherheit der Anlage lassen sich beispielsweise grundsätzlich auf Dauer keine hohen Renditen erzielen. Ebenso sind bei einer hohen Liquidität üblicherweise geringere Renditen erzielbar. Man spricht daher auch von dem sogenannten magischen Dreieck der Geldanlage. Gelegentlich wird als viertes Kriterium noch die Wertbeständigkeit im Hinblick auf den erwarteten Inflationsverlauf genannt. So reduziert sich der Wert einer reinen Geldanlage durch die Inflation beständig, wogegen Sachwertanlagen – z.B. Immobilien – weitgehend als inflationsgeschützt gelten.

Dabei sei bereits an dieser Stelle erwähnt, dass es „die ideale Kapitalanlage", die hinsichtlich aller Parameter die höchsten und besten Werte erzielt, nicht geben kann. Hohe Renditen bei absoluter Sicherheit und täglicher Verfügbarkeit sind mit keiner Kapitalanlage der Welt zu erzielen. Zudem ändern sich Lebensumstände ständig. Was anfänglich optimal erschien, kann sich mit der Zeit als nur noch mittelmäßig oder gar schädlich erweisen.

M. Fesselmann, R. Kobabe, K. Schwenzfeier, U. Siegemund, *Vorsorgewohnen in Deutschland*,
https://doi.org/10.1007/978-3-658-21288-9_3

Dies kann zum einen an geänderten Lebensumständen des Kapitalanlegers selbst liegen – z.B. im Fall der Gründung einer Familie, Scheidung oder Arbeitslosigkeit – oder aber an allgemeinen wirtschaftlichen Entwicklungen. Galten beispielsweise offene Immobilienfonds in Deutschland lange Jahre als „Betongold", über das man jederzeit frei verfügen konnte, gerieten die offenen Immobilienfonds ab Mitte der 2000er Jahre und dann endgültig ab der Finanzkrise 2008 in große Schwierigkeiten – mit der Folge, dass bei nicht wenigen offenen Immobilienfonds die Rücknahme der Anteile ausgesetzt wurde und Anleger zum Teil über Jahre nicht mehr an ihr angelegtes Geld herankamen.

Dies alles zeigt, dass man sich vor einer Entscheidung für eine Kapitalanlage Klarheit über die eigenen Anlageziele verschaffen und sich über die gewünschte Kapitalanlage ausführlich informieren sollte. Um sich vor Überraschungen zu schützen, sollte man zudem grundsätzlich nur in Produkte investieren, die man selbst verstanden hat.

Gerade bei größeren Investitionen wie beim Erwerb einer Vorsorgewohnung empfiehlt es sich, Berater in Anspruch zu nehmen und die Produktinformationen sorgfältig zu studieren. Nur auf dieser Grundlage lässt sich eine sinnvolle Entscheidung treffen.

3.1. Beratung

Schon frühzeitig hat die Rechtsprechung den Grundsatz entwickelt, dass zwischen einem interessierten Kunden, der nach den Möglichkeiten einer Kapitalanlage fragt, und einem Berater, z.B. einer Bank oder einem anderen Finanzdienstleister, konkludent, d.h. ohne dass die Parteien dies ausdrücklich erklären, ein Auskunftsvertrag geschlossen wird, der den Berater zu einer anlegergerechten und anlagegerechten Beratung verpflichtet. Die anlegergerechte Beratung setzt voraus, dass der Berater zunächst eine Kundenexploration durchführt, bevor er dem Kunden eine konkrete Kapitalanlage empfiehlt (sogenanntes KYC-Prinzip, wobei KYC für „know your customer" – kenne deinen Kunden – steht).

Darüber hinaus ist der Berater aufgrund des Auskunftsvertrags auch dazu verpflichtet, seinen Kunden bzw. den Interessenten stets richtig und vollständig über das empfohlene Produkt aufzuklären (anlagegerechte Beratung). Ist die Aufklärung unrichtig oder unvollständig bzw. wurden Umstände geschönt oder passt das Produkt nicht zum Anlegerprofil, haftet der Berater – sollte sich der Interessent für den Erwerb des Produkts entscheiden – dem Kunden auf Schadenersatz. Der Kunde kann vom Berater die Rückabwicklung des Geschäfts und gegebenenfalls sogar die Zahlung eines entgangenen Gewinns für eine nicht getätigte alternative Kapitalanlage verlangen.

Die Verhaltenspflichten der Berater sind für Finanzinstrumente, also im Wesentlichen Wertpapiere und Ähnlichem, im Kern im Wertpapierhandelsgesetz (WpHG) und der hierzu erlassenen Wertpapierdienstleistungsverhaltens- und Organisationsverordnung (WpDVerOV) normiert. Für solche Berater, die ausschließlich im Bereich der zum Vertrieb zugelassenen Fonds nach dem Kapitalanlagegesetzbuch (KAGB) bzw. Vermögensanlagen nach dem Vermögensanlagengesetz (VermAnlG) vermitteln und beraten, gelten die Vorschriften des § 34f der Gewerbeordnung (GewO) sowie der Finanzanlagenvermittler-Verordnung (FinVermV).

Sämtliche genannten Gesetze und Normen sind vom KYC-Prinzip und dem Grundsatz der anlegergerechten und anlagegerechten Beratung geprägt. So muss der Berater z.B. nach § 31 Abs. 4 WpHG von seinen Kunden alle Informationen einholen, die erforderlich sind, um den Kunden ein für sie geeignetes Finanzinstrument überhaupt empfehlen zu können. So z.B. Informationen über Kenntnis und Erfahrung der Kunden in Bezug auf Geschäfte mit bestimmten Arten von Finanzinstrumenten oder Wertpapierdienstleistungen, über ihre Anlageziele und über ihre finanziellen Verhältnisse. Die Eignung beurteilt sich danach, ob das konkrete Geschäft, das dem Kunden empfohlen wird, seinen Anlagezielen entspricht, die hieraus erwachsenden Anlagerisiken für den Kunden, seinen Anlagezielen entsprechend, finanziell tragbar sind und der Kunde aufgrund seiner Kenntnisse und Erfahrung die hieraus erwachsenden Anlagerisiken verstehen kann. Erlangt der Berater die erforderlichen Informationen nicht, darf er kein Finanzinstrument empfehlen.

Nach § 34 Abs. 2a WpHG muss der Berater über jede Anlageberatung bei einem Privatkunden ein schriftliches Protokoll anfertigen. Das Protokoll ist von demjenigen zu unterzeichnen, der die Anlageberatung durchgeführt hat. Eine Ausfertigung des Protokolls ist dem Kunden unverzüglich nach Abschluss der Anlageberatung, jedenfalls vor einem auf der Beratung beruhenden Geschäftsabschluss, in Papierform oder auf einem anderen dauerhaften Datenträger zur Verfügung zu stellen. Der Kunde kann vom Berater zudem die Herausgabe einer Ausfertigung des Protokolls dementsprechend auch verlangen. Zu beachten ist, dass ein Protokoll auch dann angefertigt und ausgehändigt werden muss, wenn keine Empfehlung ausgesprochen wird bzw. wenn der Kunde keine Anlage tätigt.

Üblicherweise wird neben den persönlichen Daten des Kunden, dem Ort, dem Tag, der Zeit und der Dauer des Beratungsgesprächs sowie den Namen der anwesenden Personen zunächst der Anlass des Beratungsgesprächs erfasst. Weiterhin werden die finanziellen Verhältnisse des Kunden (Einkommen, Vermögen, finanzielle Verpflichtungen) abgefragt und dokumentiert. Auch die Erfahrungen des Kunden mit den verschiedenen Anlagemöglichkeiten (Art der Kapitalanlage, Höhe der Kapitalanlage, Haltedauer etc.) müssen in Erfahrung gebracht werden. Von entscheidender Bedeutung sind natürlich das Anlageziel (z.B. Vermögensaufbau, Rücklage für künftige Anschaffungen, Spekulation) und die Risikobereitschaft des Kunden. In diesem Zusammenhang wird der Kunde entscheiden müssen, ob er bereit ist, für eine höhere Renditeaussicht ein höheres Verlustrisiko des eingesetzten Kapitals einzugehen oder ob er bei einer vergleichsweise hohen Sicherheit für das eingesetzte Kapital vergleichsweise geringe Renditeaussichten in Kauf nimmt. Schließlich wird er entscheiden müssen, ob er jederzeit, mit einem gewissen Vorlauf von z.B. drei Monaten, über das eingesetzte Kapital verfügen können möchte oder ob er finanziell in der Lage ist, dauerhaft auf das eingesetzte Kapital zu verzichten. Bei dem Erwerb einer im DAX notierten Aktie beispielsweise wird ein Privatanleger grundsätzlich immer in der Lage sein, zumindest einen Teil des eingesetzten Kapitals über einen Verkauf der Aktien an der Börse bestenfalls innerhalb eines Tages zurückzuerlangen. Ist das Geld in einer Vorsorgewohnung investiert, kann es dagegen Wochen oder Monate dauern, bis sich ein Käufer gefunden hat, der einen akzeptablen Preis zahlt, sodass der Kapitalanleger nur sehr zeitverzögert über sein eingesetztes Kapital verfügen kann.

Schließlich muss der Berater seinen Kunden ganz allgemein rechtzeitig und in verständlicher Form Informationen zur Verfügung stellen, die angemessen sind, damit die Kunden nach vernünftigem Ermessen die Art und die Risiken der ihnen angebotenen oder von ihnen nachgefragten Arten von Finanzinstrumenten verstehen und auf dieser Grundlage ihre Anlageentscheidung treffen können.

Die Banken und Finanzdienstleister in Deutschland haben hierzu umfangreiche Standardwerke entwickelt, insbesondere die sogenannten Basisinformationen über Wertpapiere und weitere Kapitalanlagen, die jeder Kunde vor einer Anlageempfehlung einmal erhält und in denen alle wesentlichen Merkmale der angebotenen Finanzinstrumente – einschließlich der Chancen und Risiken – ausführlich beschrieben sind. Nach § 31 Abs. 3 WpHG sind Berater nicht verpflichtet, sämtliche Informationen mündlich zu erteilen. Vielmehr ist eine Zurverfügungstellung in standardisierter, schriftlicher Form ausreichend. Allerdings müssen die Informationen – wie bereits erwähnt – richtig und vollständig sein.

Neben den Basisinformationen muss der Kunde rechtzeitig vor dem Abschluss eines Geschäfts über Finanzinstrumente nach § 31 Abs. 3a WpHG ein kurzes und leicht verständliches Informationsblatt zur Verfügung gestellt bekommen ebenso wie den für das Finanzinstrument zu veröffentlichenden Verkaufsprospekt, dessen Inhalt nach dem Wertpapierverkaufsprospektgesetz (WpPG) bzw. dem KAGB für Fonds und dem VermAnlG für Vermögensanlagen gesetzlich vorgeschrieben ist.

Das wirtschaftliche Interesse eines Kapitalanlageberaters an der Beratung bzw. der Vermittlung einer Kapitalanlage liegt in Deutschland nach wie vor in der Provision, die er vom Produktgeber oder von Seite Dritter für die Vermittlung des Produkts erhält. Da für einen Interessenten häufig nicht deutlich ist, ob ein Berater ein bestimmtes Produkt gerade deswegen empfiehlt, weil er hierfür eine besonders hohe Provision erhält (und nicht, weil er es für das Beste für den Kunden hält), ist mittlerweile durch Gesetz und Rechtsprechung vorgeschrieben, dass Berater alle Zuwendungen, die sie für die Vermittlung eines Produkts erhalten, offenlegen müssen.

Zwar gibt es inzwischen auch gesetzliche Vorschriften über Honorar-Anlageberater bzw. Honorar-Finanzanlagenberater, die nicht gegen Provision, sondern für ein vom Kunden zu tragendes, vorher festgelegtes Honorar tätig werden. Dabei bietet die Honorarberatung für den Kunden den Vorteil, dass der Berater nicht auf den Vermittlungserfolg (und damit auf die höchste Provision) angewiesen ist, sondern seinen Aufwand vom Kunden bezahlt bekommt und daher tatsächlich das beste Produkt empfehlen wird. Allerdings ist die Honorarberatung in Deutschland wenig verbreitet und wartet nach wie vor auf ihren Durchbruch.

Immobilien als solche gelten nicht als Finanzinstrument im Sinne des WpHG, nicht als Vermögensanlage im Sinne des VermAnlG und nicht als Investmentvermögen (Fonds) im Sinne des KAGB. Da es im hier interessierenden Zusammenhang aber gleichwohl um Kapitalanlagen (in Vorsorgewohnungen) geht und zwischen Berater und Interessent ein Auskunftsvertrag zustande kommt sowie darüber hinaus auch bei der Beratung in Immobilien als Kapitalanlage das KYC-Prinzip gilt, müssen auch solche Berater die vorbeschriebenen Anforderungen und Bedingungen einer anlegergerechten und anlagegerechten Beratung erfüllen, die – soweit dies in der Allgemeinheit überhaupt möglich ist – ausschließlich zu Kapitalanlagen in Immobilien beraten.

Abschließend sei der Vollständigkeit halber darauf hingewiesen, dass die Kapitalanlageberatung bzw. die Kapitalanlagevermittlung eine erlaubnispflichtige Tätigkeit ist, d.h. nur dann betrieben werden darf, wenn von der zuständigen Behörde eine entsprechende Erlaubnis erteilt wurde. Die Art der Erlaubnis und die Bedingungen, unter denen sie erteilt wird, hängt im Wesentlichen von der Art und Weise und dem Inhalt der geplanten Beratung ab. Ob für einen Berater eine entsprechende Erlaubnis erteilt wurde, lässt sich im Fall von Banken, Finanzdienstleistern und Honorar-Anlageberatern in den öffentlich zugänglichen Registern der Bundesanstalt für Finanzdienstleistungsaufsicht (www.bafin.de) nachlesen. Mitarbeiter, die von Banken und Finanzdienstleistern in der Anlageberatung eingesetzt werden, müssen der BaFin zur Eintragung in ein entsprechendes Register ebenfalls gemeldet werden.

Zuständige Aufsichtsbehörden der Finanzanlagenvermittler und der Honorar-Finanzanlagenberater sind die örtlichen Gewerbeaufsichtsämter, bei denen man das Vorliegen einer entsprechenden Erlaubnis erfragen kann.

Im Fall der Unzuverlässigkeit des Beraters kann die Erlaubnis wieder entzogen bzw. im Fall von Mitarbeitern deren Einsatz in der Anlageberatung untersagt werden.

Erfüllt der Berater seine Pflichten zur anlagegerechten und anlegergerechten Beratung nicht, hat er dem Kunden den hieraus entstandenen Schaden zu ersetzen.

3.2. Unterlagen

Wie bereits im vorherigen Abschnitt erwähnt, sind Berater, aber auch die Produktanbieter selbst, gesetzlich dazu verpflichtet, den Interessenten bzw. Kunden die gesetzlich vorgeschriebenen Unterlagen auszuhändigen. Welche Unterlagen genau anzufertigen und auszuhändigen sind, hängt von der Art des Kapitalanlageprodukts ab.

Für Wertpapiere (z.B. Aktien, Anleihen) sind ein Verkaufsprospekt nach dem Wertpapierprospektgesetz und ein Informationsblatt nach § 31 Abs. 3a WpHG anzufertigen und auszuhändigen. Für Anteile an einem offenen oder geschlossenen Fonds sind ebenfalls ein Verkaufsprospekt sowie die sogenannten wesentlichen Anlegerinformationen gemäß den Anforderungen des KAGB anzufertigen und auszuhändigen. Für Vermögensanlagen (das sind, kurz gesagt, nicht in Wertpapieren verbriefte Beteiligungen an Unternehmen, auch in der Form von partiarischen Darlehen, Nachrangdarlehen, Genussrechten und Namensschuldverschreibungen) schließlich sind ebenfalls ein Verkaufsprospekt sowie ein Vermögensanlagen-Informationsblatt anzufertigen und dem Anleger auszuhändigen. Der notwendige Inhalt der Verkaufsprospekte sowie der Informationsblätter ist gesetzlich vorgeschrieben. Der BaFin müssen die Prospekte vor Veröffentlichung, also bevor sie gegenüber Interessenten und Kunden verwendet werden, zur Prüfung und Billigung vorgelegt werden.

Eine solche spezielle gesetzliche Prospektpflicht gibt es für den Erwerb einer Immobilie nicht, selbst wenn es sich um eine Kapitalanlage handelt. Allerdings sind Berater aufgrund des konkludent geschlossenen Auskunftsvertrags und Produktanbieter (im Fall von Immobilien also die verkaufende Projektgesellschaft) aufgrund ihrer vorvertraglichen Aufklärungspflicht ebenfalls dazu verpflichtet, ihre Kunden umfassend, vollständig und richtig, ohne etwas zu beschönigen, über alle relevanten Umstände aufzuklären, die für die Wertbildung der Immobilie von Bedeutung sind und daher zur Grundlage der Entscheidung des Interessenten werden könnten, ob er die angebotene Immobilie erwerben möchte oder nicht. Da der so verpflichtete Berater bzw. Anbieter dafür darlegungs- und beweispflichtig ist, ob er seine Pflicht ordnungsgemäß erfüllt hat, gilt es dementsprechend auch als Pflicht, einen Verkaufsprospekt für das Angebot einer Immobilie als Kapitalanlage anzufertigen und dem Kunden auszuhändigen.

Der Inhalt eines solchen Immobilien-Verkaufsprospekts ist allerdings gesetzlich nicht näher vorgegeben und ein solcher Prospekt wird auch nicht von der BaFin geprüft oder gebilligt. Dies erhöht auf der einen Seite zwar die Flexibilität in der Darstellung der einzelnen Parameter, erschwert auf der anderen Seite aber natürlich die Vergleichbarkeit verschiedener Angebote. Gleichzeitig birgt diese Flexibilität ein gewisses Risiko für den Anbieter bzw. den Berater, weil im Streitfall erst im Nachhinein ein Gericht darüber entscheidet, ob ein Immobilien-Verkaufsprospekt richtig und vollständig ist oder nicht.

Um diesen Unsicherheiten und Risiken zu entgehen, haben Initiatoren, Anbieter und Berater ab etwa Mitte/Ende der 1970er Jahre verstärkt Wirtschaftsprüfer damit beauftragt zu testieren, dass die von ihnen veröffentlichten Prospekte richtig und vollständig sind und die Interessenten in der vom Gesetzgeber und der Rechtsprechung geforderten Form bzw. im geforderten Umfang informieren und aufklären. Um zu einer einheitlichen Handhabung der Prüfung von Prospekten durch Wirtschaftsprüfer zu kommen, hat der wohnungswirtschaftliche Fachausschuss im Institut für Wirtschaftsprüfer mit seiner Stellungnahme 1/1983 die Grundsätze ordnungsgemäßer Durchführung von Prospektprüfungen verbindlich festgelegt. Diese Grundsätze wurden im Kern bis heute in verschiedenen Aktualisierungen fortgeführt. In der letzten Fassung der mittlerweile als IDW Standard S 4 bezeichneten Grundsätze ordnungsgemäßer Begutachtung der gesetzlichen Verkaufsunterlagen von Alternativen Investmentfonds (Stand: 24.5.2016) werden Kapitalanlagen in Immobilien zwar nicht mehr erfasst. Hintergrund hierfür ist allerdings lediglich, dass sich in der Praxis die Prüfungstätigkeit seit Anfang der 1980er Jahre bis heute von den Kapitalanlagen direkt in Immobilien hin zu Kapitalanlagen in geschlossene Fonds (die in Immobilien investieren) verlagert hat – und zuletzt in sogenannte Alternative Investmentfonds (die in Immobilien investieren), wie sie seit dem Inkrafttreten des Kapitalanlagegesetzbuchs definiert sind. Die alten IDW-Stellungnahmen, -Verlautbarungen bzw. -Standards können und sollten aber immer noch als Maßstab für den notwendigen Prospektinhalt einer Kapitalanlage in Immobilien herangezogen werden.

Die in einem Prospekt für Immobilien als Kapitalanlage hiernach zu machenden Angaben sind sehr vielfältig und decken sich strukturell mit den Angaben, die in gesetzlich vorgeschriebenen Prospekten zu machen sind.

Bei der Beschreibung des Anlageobjekts geht es z.B. um eine Darstellung der Art des Bauvorhabens bzw. Gebäudes (z.B. Einfamilienhaus, Eigentumswohnung, Gewerbeobjekt), um die Lage des Grundstücks, um die Grundbuchbezeichnung, die Größe des Grundstücks, den Erschließungszustand, die bauliche Gestaltung, die vorgesehene Bau- und Ausstattungsqualität und die Qualitätskontrolle etc.

Bei der Beschreibung der Kosten der Investition sind z.B. die Kosten des Grund und Bodens sowie anteilige Erwerbsnebenkosten zu nennen und die jeweiligen Kostengruppen so aufzugliedern, dass die Entgelte für die wesentlichen Leistungsarten (z.B. Architektenleistung, Baubetreuung, Baukostengarantien, Finanzierungsvermittlung, Bürgschaften, Zinsgarantien, Steuerberatung, Vermittlung von Mietern, Mietgarantien etc.) erkennbar sind.

Bei der Nutzung der Kapitalanlage sind, insbesondere wenn wesentliche Mietverträge schon abgeschlossen sind, die bedeutsamen Aspekte des Mietverhältnisses zu erläutern. Hierzu zählen u.a. die Berechnung der Miete und etwaiger Steigerungsraten, Regelungen zur Instandhaltung, Dauer des Mietverhältnisses und Optionen sowie deren Voraussetzungen, Modalitäten der Nebenkostenabrechnungen usw.

Bei den wichtigen Verträgen, die im Prospekt zu beschreiben und möglichst auch abzudrucken sind, sind zu nennen der Grundstückskauf- bzw. Erbbaurechtsvertrag, die Teilungserklärung nach WEG, die Verwalterverträge nach WEG, die Verträge über die Herstellung des Anlageobjekts, Versicherungsverträge, Finanzierungsvermittlungsverträge, Mietvermittlungsverträge usw.

Ziel eines jeden Prospekts muss es sein, die aus der Sicht eines verständigen und durchschnittlich vorsichtigen Anlegers für eine Anlageentscheidung erheblichen Angaben vollständig und richtig darzustellen, ohne etwas zu beschönigen. Dabei müssen die Angaben klar – d.h. gedanklich geordnet, eindeutig und verständlich – gemacht werden.

Ist ein Prospekt für Kapitalanlagen (gleich für welche Art der Kapitalanlage) unrichtig oder unvollständig oder stellt er die mit der speziellen Beteiligungsform verbundenen Nachteile und Risiken nicht zutreffend, verständlich und vollständig dar, dann haftet der Prospektverantwortliche dem Anleger für den ihm durch die Kapitalanlage entstandenen Schaden.

3.3. Aspekte der Entscheidungsfindung

Wie bereits im vorangegangenen Abschnitt näher ausgeführt, sind bei der Entscheidungsfindung über eine Kapitalanlage im Kern folgende Fragen zu klären (magisches Dreieck der Kapitalanlage):

Welche Rendite wird erwartet?

Hierunter fällt nicht nur die Frage nach dem voraussichtlich zu erwartenden Ertrag auf das eingesetzte Kapital, sondern auch nach den Zeitpunkten, zu denen Erträge auf das eingesetzte Kapital realisiert werden können. Im Fall einer Vorsorgewohnung dürften bei planmäßigem Investitionsverlauf im Allgemeinen relativ solide Renditen zu erwarten sein, die aufgrund der laufenden Mietzahlungen zu monatlichen Zuflüssen beim Anleger führen. Bei Immobilieninvestitionen, die zudem – wie üblich – über ein Darlehen finanziert werden und gleichzeitig auch steuerlich gesondert zu behandeln sind, ist allerdings auch zu beachten, dass relativ viele Positionen in die Renditeberechnung einzubeziehen sind (Mieterträge auf der einen Seite, steuerliche Besonderheiten, Verwalterkosten, Zinskosten etc. auf der anderen Seite), bevor sich ein klares Bild ergibt, ob die Investition eine wirklich rentierliche Kapitalanlage war oder ist. Wenn für die Renditeerwartung auch ein etwaiger Verkauf der Immobilie eine Rolle spielt, wird die Renditeberechnung noch komplexer und die Vorhersehbarkeit natürlich schwieriger (was das Risiko einer Abweichung von der Erwartung erhöht).

Wie lange darf das eingesetzte Kapital gebunden sein?

Investitionen in Immobilien sind prinzipiell langfristige Investitionen. Das Kapital ist in der gekauften Immobilie gebunden und kann nicht kurzfristig abgezogen werden. Da Immobilien üblicherweise auch über Darlehen finanziert werden, kann die Immobilie nicht mehr zur kurzfristigen Liquiditätsbeschaffung für ein weiteres Darlehen als Sicherheit eingesetzt werden, weil sie bereits dem Darlehen für den Kauf als Sicherheit dient.

Wie sicher soll das eingesetzte Kapital sein?

Absolute Sicherheit gibt es nicht, und aufgrund der Unvorhersehbarkeit zukünftiger Ereignisse können selbst Staatsanleihen mit hervorragenden Ratings in der Zukunft ihren Wert verlieren. Gleichwohl gibt es verschiedene Stufen von Wahrscheinlichkeiten, ob man das eingesetzte Kapital vollumfänglich zurückerhält oder nicht. Sachwertanlagen, wie insbesondere Immobilien, gelten allgemein als relativ sicher, weil ihre Substanz im Prinzip über einen längeren Zeitraum nicht vergänglich ist, sie üblicherweise keinen größeren kurzfristigen Wertschwankungen unterliegen, wie z.B. börsennotierte Aktien, und weil ihre Wertentwicklung nur wenig von den Wertentwicklungen anderer Märkte, z.B. dem Ölpreis, abhängt. Gleichwohl sind auch Immobilieninvestitionen natürlich nicht ohne Risiko: Der Wert einer Immobilie kann beispielsweise drastisch sinken, wenn sich die Umgebung der Immobilie zum Nachteil verändert, weil in unmittelbarer Nähe eine mehrspurige Autobahn gebaut wird und dadurch eine erhebliche Lärmbelästigung entsteht.

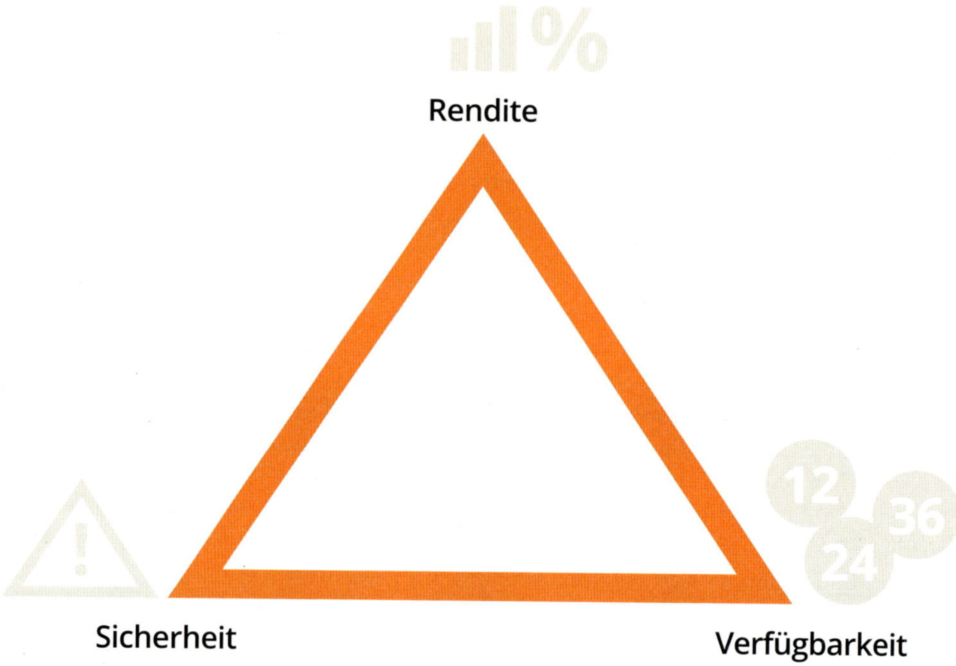

ABBILDUNG 1: Magisches Dreieck der Kapitalanlage (eigene Darstellung)

Weitere Aspekte

Gerade bei größeren Investitionen sollten die steuerlichen Konsequenzen stets bedacht und in die persönliche Liquiditätsplanung einbezogen werden. Denn aufgrund der zeitlichen Differenz zwischen dem Anfall eines Steuertatbestands und dessen Veranlagung bzw. Bescheidung ergeben sich im konkreten Zeitablauf nicht selten Liquiditätsschwankungen im Zusammenhang mit Steuerbelastungen und Steuervergünstigungen, die vom Anfall unmittelbarer Einnahmen und Ausgaben aus der Kapitalanlage (wie z.B. Mieten und Zinsen bei einer fremdfinanzierten Immobilieninvestition) auseinanderfallen.

Wird eine Kapitalanlage mittels eines Darlehens finanziert, wie es bei Immobilienanlagen üblich ist, sollte man sich deutlich bewusst machen, dass die Leistungen von Zins und Tilgung auf das Darlehen auch dann zu erbringen sind, wenn die Mieteinnahmen aus der Immobilie hierfür nicht (mehr) ausreichen. In einem solchen Fall sollte man in der Lage sein, die Darlehensansprüche auch aus anderen Quellen zu bedienen.

Nicht unerheblich für eine Anlageentscheidung sollte auch die Qualität und Bonität des Anbieters des Kapitalanlageprodukts sein. Gerade bei Investitionen in Neubau-Immobilien ist es für die Frage der Rendite und der Sicherheit von erheblicher Bedeutung, dass der Initiator in der Lage ist, das Bauprojekt nicht nur in der geplanten Zeit durchzuführen, sondern dass die Immobilie eine hohe bauliche Qualität aufweist. Denn dies ist die Grundlage für nachhaltige Mieterträge und schützt vor kostenintensiven Sanierungsmaßnahmen.

Nicht zuletzt sollte auch die Transparenz der Angebotsunterlagen sowie des Vertragswerks bei der Entscheidungsfindung eine Rolle spielen. Zwar hat der Verbraucherschutz in Deutschland gerade im Bereich der Kapitalanlagen einen hohen gesetzlichen Stellenwert und wird von den Gerichten ständig konkretisiert und ausgebaut. Aber der Schutz von Kapitalanlegern hört dort auf, wo verständliche Unterlagen und Verträge nicht gelesen, sich offensichtlich aufdrängende Fragen nicht gestellt oder gute Ratschläge von Beratern nicht befolgt werden. Daher sei an dieser Stelle nochmals wiederholt, dass die beste Entscheidungsgrundlage für eine Kapitalanlage darin besteht, das Produkt auch wirklich verstanden zu haben.

DAS LICHTENHAIN
Neubauprojekt mit rund 209 Wohneinheiten in Berlin, Bezirk Lichtenberg (Fertigstellung 2019)
daslichtenhain.de

KAPITEL **VIER**

Dieses Kapitel bietet einen Überblick über die Bestandteile des Wohnungseigentums und erklärt wichtige Fragestellungen rund um Sondereigentum und gängige Sonderfälle. Anschließend werden die Rechte und Pflichten des Wohnungseigentümers übersichtlich dargestellt – und welche Folgen sich in der Praxis daraus ergeben.

4. WOHNUNGSEIGENTUM

4.1. Was ist Wohnungseigentum?

Ist jemand Eigentümer eines Hauses, das sich in mehrere Wohnungen aufteilt, so kann er damit – im Rahmen der gesetzlichen Bestimmungen – grundsätzlich tun und lassen, was er will. In diesem Fall ist die Nutzung und Verwaltung der Immobilie vergleichsweise einfach, da der jeweilige Eigentümer allein entscheidet, was zu geschehen hat. Gehört dasselbe Haus jedoch mehreren Personen, zum Beispiel drei Eigentümern, so wird die Sache komplizierter. In diesem Fall gehört jedem der Miteigentümer ein ideelles Drittel am gesamten Haus. Dies bedeutet, dass jedem Eigentümer von jedem Ziegel, jeder Treppe, jedem Rohr, also von jedem Bestandteil sowohl des Grundstücks als auch der Immobilie selbst, ein ideeller Anteil gehört. Niemandem gehört etwas allein. Jeder Eigentümer für sich ist ein sogenannter Bruchteilseigentümer. Dass dies die Nutzung und Verwaltung einer Immobilie erheblich erschwert, liegt auf der Hand, denn in diesem Fall entscheiden alle über alles.

Nutzungsvereinbarung

Die Eigentümer können jedoch vertraglich regeln, wer für welchen Teil der Immobilie „zuständig" ist und eine sogenannte Nutzungsregelung treffen. In dieser wird festgehalten, wer in welcher Form und in welchem Umfang mit welchem Teil oder welchen Bestandteilen des gemeinsamen Eigentums umgehen darf und worauf sich seine Rechten und Pflichten beziehen sollen.

Die getroffenen Regelungen gelten sodann für die Bruchteilseigentümer untereinander. Nach außen bilden die Eigentümer weiter eine Bruchteilsgemeinschaft, die gegenüber Dritten für sämtliche Bestandteile des Eigentums gleichermaßen verantwortlich bleibt.

Will einer der im vorgenannten Beispiel vorhandenen drei Eigentümer seine Bruchteile an der Immobilie verkaufen, so wird er erfahrungsgemäß nur sehr schwer einen Käufer finden, da niemand gerne eine Immobilie erwirbt, bei der er nicht alleine entscheiden kann, was zu geschehen hat. Die Nutzungsvereinbarung zwischen den ursprünglichen Mitgliedern der Bruchteilsgemeinschaft hilft hier nur bedingt – sie gilt in der Regel zunächst nur zwischen denjenigen, die sie abgeschlossen haben, also den bisherigen Eigentümern, und nicht im Verhältnis zum Erwerber. Der Erwerber könnte sich die Rechte des vormaligen Eigentümers abtreten lassen – aber was passiert dann mit den Pflichten? Da Pflichten sich nicht abtreten lassen, haftet der bisherige Bruchteilseigentümer weiterhin sowohl nach außen gegenüber Dritten als auch gegenüber den anderen Mitgliedern der Bruchteilsgemeinschaft für die Erfüllung sämtlicher Verpflichtungen, die sich in Bezug auf das Grundstück einschließlich der Immobilie ergeben. Er könnte allenfalls vom Erwerber eine Freistellung verlangen, sollte er in Anspruch genommen werden. Dies macht es allerdings sehr kompliziert, weil es praktisch bedeutet, dass sich der „Kreis der Beteiligten" vergrößert und unterschiedlichste Rechtsverhältnisse in Einklang gebracht werden müssen.

M. Fesselmann, R. Kobabe, K. Schwenzfeier, U. Siegemund, *Vorsorgewohnen in Deutschland*,
https://doi.org/10.1007/978-3-658-21288-9_4

Etwas anderes gilt nur dann, wenn der Eintritt in die vorhandene Nutzungsgemeinschaft gleichermaßen zwischen allen Bruchteilseigentümern vereinbart wird. Dies wiederum setzt voraus, dass sowohl dem Erwerber die getroffene Nutzungsvereinbarung als auch den bisherigen weiteren Mitgliedern der Bruchteilsgemeinschaft die angedachte Veräußerung bekannt sind.

In diesem Zusammenhang stellt sich jedoch die Frage, was geschieht, wenn der Erwerber kein Interesse daran hat, in die Nutzungsvereinbarung einzutreten. In diesem Fall ist es den originären Mitgliedern der Bruchteilsgemeinschaft juristisch beinahe unmöglich, den neuen Erwerber gegen seinen Willen zum Eintritt in diese Nutzungsvereinbarung zu bewegen. Es besteht Vertragsfreiheit, d.h. niemand kann gezwungen werden, einen bestimmten Vertrag einzugehen – mit Ausnahme von einem etwaigen und nur in absoluten, hier nicht zutreffenden, Ausnahmefällen geltenden Abschlusszwang. Vielmehr kann sich der Erwerber darauf berufen, dass ihm, wie eingangs erwähnt, sämtliche Teile und Bereiche des Eigentums zu einem bestimmten Bruchteil gehören und ihm seine Rechte und Pflichten – im Rahmen seines Bruchteils – gleichermaßen auf das gesamte Eigentum zustehen.

Die Frage, ob der Erwerber die Nutzungsvereinbarung hätte kennen können oder müssen, lässt sich im Sinne der verbleibenden Bruchteilseigentümer sehr schnell beantworten, wenn die Nutzungsvereinbarung in das Grundbuch eingetragen ist. Das Grundbuch ist ein öffentliches Register, das jedermann bei Vorliegen eines berechtigten Interesses einsehen kann. Kein Erwerb einer Immobilie findet in der Praxis ohne Einsicht in das Grundbuch statt. Ein Vertrag, durch den sich der eine Teil verpflichtet, das Eigentum an einem Grundstück zu übertragen oder zu erwerben, bedarf der notariellen Beurkundung, § 311b BGB. Der Notar ist gehalten, bei Geschäften, die im Grundbuch eingetragene Rechte zum Gegenstand haben, den Grundbuchinhalt festzustellen, damit das Rechtsgeschäft mit dem von den Beteiligten gewollten Inhalt erfolgreich rechtlich durchgeführt werden kann. Im Rahmen der Einsicht sind dann auch Beschränkungen (z.B. der Nutzung) oder Belastungen ersichtlich.

Dingliche Selbstständigkeit, Wohnungseigentumsgesetz
Trotz des aufgezeigten Weges wird es der Wunsch vieler sein, einen klar abgegrenzten Teil einer Immobilie ihr Eigen nennen zu dürfen und im Umgang damit so weit wie möglich autonom zu sein. Das Bürgerliche Gesetzbuch sieht zunächst in den §§ 93, 94 vor, dass zu den wesentlichen Bestandteilen eines Grundstücks auch die Gebäude gehören. Danach ist eine Aufteilung in autonome Einheiten am Gebäude ohne das Grundstück erst einmal nicht möglich.

Der Gesetzgeber hat die praktischen Schwierigkeiten beim Bestehen einer Bruchteilsgemeinschaft in Bezug auf Immobilien erkannt und auch aus diesem Grund eine Sonderform des Eigentums geschaffen, das Wohnungseigentum. Spezielle Regelungen hierzu finden sich im Wohnungseigentumsgesetz (WEG).

§ 1 dieses Gesetzes erklärt die Aufteilung eines Grundstücks in selbstständige rechtliche Einheiten für zulässig. Die durch die Aufteilung eines Grundstücks in Wohnungseigentum entstehenden Rechte, deren Bestandteile und deren Zuordnung werden ebenfalls in § 1 definiert. Danach handelt es sich beim Wohnungseigentum um ein Sondereigentum an einer Wohnung in Verbindung mit dem Miteigentumsanteil am gemeinschaftlichen Eigentum, zu dem es gehört. Das gemeinschaftliche Eigentum im Sinne dieses Gesetzes wiederum setzt sich aus dem Grundstück sowie seiner Teile, Anlagen und Einrichtungen des Gebäudes, die nicht im Sondereigentum oder im Eigentum eines Dritten stehen, zusammen. Die Wohnungseigentümer werden auch als Miteigentümer an dem Grundstück bezeichnet.

Woran kann Sondereigentum/Wohnungseigentum begründet werden?
Sondereigentum und damit Wohnungseigentum kann nicht an allen Teilen eines Grundstücks inklusive Gebäude begründet werden. Da ein Wohnungseigentumsobjekt stets einer bestimmten Person bzw. einem bestimmten Personenkreis zur ausschließlichen Nutzung vorbehalten ist, kann an den Teilen der Immobilie, die nach der Widmung von allen benutzt werden sollen (oder müssen), kein Sondereigentum begründet werden. Dabei handelt es sich z.B. um das Treppenhaus, die Waschküche, allgemeine Aufenthaltsräume, den Fahrradabstellraum oder den Trockenraum. Umgekehrt ist es allerdings möglich, Räumlichkeiten, die grundsätzlich zur Nutzung durch einen Einzelnen oder durch eine bestimmte Gruppe bestimmt sind, als Gemeinschaftseigentum zu widmen.

Es darf sich bei der Begründung von Sondereigentum demgemäß nur um Gebäudebestandteile handeln, die nicht zwingend Gemeinschaftseigentum sind. Zwingend sind dies solche, die notwendigerweise dem gemeinschaftlichen Gebrauch dienen. Typische Fälle des Gemeinschaftseigentums sind Gebäudebestandteile, die für den Bestand oder die Sicherheit des Gebäudes erforderlich sind, nicht überbaute Grundstücksflächen oder die konstruktiven Teile des Gebäudes. Im Einzelfall kann die Abgrenzung problematisch sein. Im Zweifel ist eher das Vorliegen von Gemeinschaftseigentum anzunehmen.

Wesentliche Bestandteile
Sowohl zum Sondereigentum als auch zum Gemeinschaftseigentum zählen die dort jeweils vorhandenen wesentlichen Bestandteile. Unter Letzteren versteht man Bestandteile einer Sache, die voneinander nicht getrennt werden können, ohne dass der eine oder der andere zerstört oder in einer Weise verändert wird. Vorstehend wurde bereits erklärt, dass ein Gebäude kraft Gesetz immer wesentlicher Bestandteil des Grundstücks ist. Beispiele für wesentliche Bestandteile eines Gebäudes sind die zentrale Heizungsanlage, Warmwasserspeicher, Waschbecken oder Badewannen. Einbaumöbel sind dann wesentliche Bestandteile, wenn sie so mit den umschließenden Teilen des Gebäudes vereinigt sind, dass diese ihre Seiten- und Rückenwände bilden.

Wesentliche Bestandteile teilen das Schicksal der Hauptsache, an ihnen können keine von der Hauptsache abweichende Rechte begründet werden. Wichtig ist auch zu wissen, dass eine Sache, wenn sie als wesentlicher Bestandteil eines Gebäudes und damit eines Grundstücks angesehen wird, bei der Festsetzung der Grunderwerbsteuer berücksichtigt werden kann. Wichtig ist die jeweilige Einordnung auch für Versicherungsfragen, nämlich ob eine Sache als Bestandteil der Immobilie dem Schutz beispielsweise einer Gebäudeversicherung unterfällt.

Zubehör und Inventar

Nicht sondereigentumsfähig sind darüber hinaus etwaiges Zubehör im Sinne des § 97 BGB sowie Inventar. Unter Zubehör versteht man bewegliche Sachen, die, ohne Bestandteile der Hauptsache zu sein, dem wirtschaftlichen Zwecke der Hauptsache zu dienen bestimmt sind und zu ihr in einem dieser Bestimmung entsprechenden räumlichen Verhältnis stehen. Die vorübergehende Nutzung oder Trennung einer beweglichen Sache hat keinen Einfluss auf deren Zubehöreigenschaft. Beispiele für das Vorliegen von Zubehör sind eingebaute Alarmanlagen, Gemeinschaftsantennen, Heizöl zur Beheizung oder eine fest eingebaute Sauna.

Praxistipp

Sehen Sie sich eine Immobilie, die Sie eventuell erwerben möchten, auch im Hinblick auf Zubehör und Inventar an. Finden sich Sachen in den Räumlichkeiten und besteht kein Interesse an einer Übernahme, bedarf es lediglich der Regelung im Kaufvertrag, dass das Erwerbsobjekt frei von Zubehör und Inventar veräußert wird. Damit wird gleichzeitig ein Räumungsanspruch gegenüber dem Veräußerer begründet. Sofern jedoch ein Interesse an der Übernahme bestimmter Sachen besteht, ist in dem Kaufvertrag sowohl das Zubehör als auch jegliches Inventar gesondert aufzuführen und zu übertragen, da kein „automatischer" Erwerb erfolgt.

Abgeschlossenheit

Genügt die Definition der alleinigen Nutzungserlaubnis für das Vorliegen von Sondereigentum? Nein, das Wohnungseigentumsgesetz sieht in § 5 Abs. 1 vor, dass es sich um abgeschlossene Raumeinheiten handeln muss. Die Abgeschlossenheit setzt eine räumliche Abgrenzung der jeweiligen Raumeinheit voraus. Die Abgeschlossenheitsbescheinigung wird durch die zuständige Baubehörde erstellt und ist zusammen mit dem Eintragungsantrag dem Grundbuchamt vorzulegen. Das Beibringen der Abgeschlossenheitsbescheinigung ist im Übrigen Sache des Veräußerers – damit muss sich der Erwerber nicht belasten.

Sonderfall: Kfz-Stellplätze

Einer differenzierten Betrachtung unterliegen Kfz-Stellplätze. Das Wohnungseigentumsgesetz sieht in § 3 Abs. 2 vor, dass derlei Garagenstellplätze jedenfalls dann als abgeschlossene Räume gelten, wenn ihre Flächen durch dauerhafte Markierungen ersichtlich sind. Es bedarf also bei innenliegenden Stellplätzen für das Vorliegen der Sondereigentumsfähigkeit nicht der allseitigen baulichen Abgrenzung. Stellplätze, die sich im Freien befinden, sind nicht sondereigentumsfähig. Dies gilt auch dann, wenn die Stellplatzflächen im Freien durch Carports überbaut sind, da Carports nicht so mit dem Grund und Boden verbunden sind, dass ihre Trennung hiervon eine Beschädigung nach sich bringt. Sie taugen daher nicht für eine allseitige bauliche Abgrenzung.

Soweit die vorigen Voraussetzungen erfüllt sind, kann auch ein isoliertes Teileigentum an einzelnen Kfz-Stellplätzen begründet werden. Rechtlich möglich ist es jedoch auch, Kfz-Stellplätze zusammen mit einer Wohneinheit zu Sondereigentum zu erklären.

Praxistipp

Es empfiehlt sich, die Wohneinheit und den Kfz-Stellplatz getrennt als Sondereigentum zu begründen. In diesem Fall ist es möglich, den Stellplatz isoliert zu veräußern, ohne sich zugleich von der Wohnung trennen zu müssen.

Belegenheit

Zudem müssen sich die Räumlichkeiten in einem auf dem Grundstück errichteten Baukörper befinden und über eine Fläche des Gemeinschaftseigentums oder direkt mit dem öffentlichen Wegenetz verbunden sein. Nicht sondereigentumsfähig sind Räume, die nur über ein anderes Sondereigentum mit dem öffentlichen Wegenetz verbunden sind. In Fällen, wo eine Immobilie nur über ein Nachbargrundstück erreicht werden kann, ist durch ein mit einer Dienstbarkeit gesichertes Wegerecht zugunsten des „nicht an das Wegenetz angeschlossenen“ Grundstücks die Belegenheit sicherzustellen.

Beeinträchtigung durch Aus- und Einbau

Weitere Voraussetzung der Sondereigentumsfähigkeit ist, dass eine Veränderung, Beseitigung oder der nachträgliche Einbau in die dem Sondereigentum zugehörigen Räume ohne übermäßige Beeinträchtigung der übrigen Wohnungseigentümer möglich ist. Für die Feststellung dieser Voraussetzung ist nicht die subjektive Sicht des einzelnen Sondereigentümers maßgeblich, sondern es entscheidet die Verkehrsanschauung.

Sondernutzungsrecht – was ist das?
Sofern keine Abgeschlossenheit gegeben ist und somit die Sondereigentumseigenschaft verneint werden muss, kann im Wege der Einräumung von Sondernutzungsrechten eine ausschließliche Nutzungsbefugnis für bestimmte Flächen gestaltet werden. Der Begriff „Sondernutzungsrecht" wird vom Wohnungseigentumsgesetz zwar verwendet, aber nicht definiert. Nach der Rechtspraxis handelt es sich um die Befugnis, Teile des Gemeinschaftseigentums (zur Erinnerung: das sind alle Teile, die nicht Sondereigentum sind) unter Ausschluss der übrigen Miteigentümer zu gebrauchen und die Vorteile daraus (Nutzungen) zu ziehen.

Es eignet sich daher auch für die Kfz-Stellplätze im Freien. Das Sondernutzungsrecht kann in das Grundbuch eingetragen werden, muss aber nicht. Wird es eingetragen, wird es zum Inhalt des Sondereigentums. Sondernutzungsrechte können nur innerhalb der Wohnungseigentümergemeinschaft veräußert werden, da sie zwingend mit einem Wohnungs- oder Teileigentum verbunden sein müssen und auf Miteigentümer oder Eigentümer anderer Grundstücke nicht isoliert übertragen werden können.

Wer kann Wohnungseigentümer sein?
Wohnungseigentümer kann jede natürliche oder juristische Person sowie rechtsfähige Personenvereinigung sein. Demgemäß kann auch eine Gesellschaft bürgerlichen Rechts (GbR) die Eigentümerstellung innehaben. Auch eine Mehrzahl von Personen kann Eigentümer sein; dann ist jede von ihnen als Wohnungseigentümer anzusehen. Hier kann, wie eingangs erwähnt, das Verhältnis untereinander durch eine Nutzungsvereinbarung geregelt werden.

4.2. Begründung von Wohnungseigentum

Ein Wohnungseigentum wird durch vertragliche Einräumung von Sondereigentum oder durch Teilung des Eigentums begründet.

Vertragliche Einräumung von Sondereigentum
Es kann zwischen den Miteigentümern vertraglich vereinbart werden, dass jedem der Miteigentümer abweichend von § 93 BGB das Sondereigentum an einer bestimmten Wohnung in einem auf dem Grundstück errichteten oder zu errichtenden Gebäude eingeräumt wird. Dieser Vertrag bedarf der notariellen Beurkundung. Diese Alternative der Bildung von Wohnungseigentum hat in der Praxis sehr wenig Relevanz. Es ist auch in der Lebenswirklichkeit schwierig umzusetzen, müssen doch die Bruchteilseigentümer gemeinsam eine Zuteilung vornehmen und dann auch verantworten. Es müssten sich also mehrere Beteiligte einigen (und sich im Ergebnis auch daran halten).

Aufteilung

Deutlich praxisrelevanter ist daher die Bildung von Wohnungseigentum durch Aufteilung. Der Unterschied zur vertraglichen Einräumung der Eigentumseinheiten besteht darin, dass hier der alleinige Eigentümer, ohne eine Verpflichtung gegenüber anderen, die Aufteilung in Wohnungseigentum durch einseitige Erklärung (Teilungserklärung) vornimmt – er bestimmt einfach, selbstverständlich innerhalb des gesetzlichen Rahmens. Wird von einem Bauträger eine Wohneinheit erworben, wird dieser die Aufteilung vor Verkauf der ersten Einheit in seiner Eigenschaft als bis dahin noch alleiniger Eigentümer vornehmen.

Sobald allerdings ein Grundstück mehr als einem Eigentümer gehört, liegt kein Fall der Aufteilung, sondern ein Fall der vertraglichen Einräumung vor.

Teilungserklärung

Unter einer Teilungserklärung versteht man die Erklärung des Eigentümers, die gegenüber dem Grundbuchamt abzugeben ist, das Eigentum an dem Grundstück in der Weise in Miteigentumsanteile zu teilen, dass mit jedem Anteil Sondereigentum an bestimmten Räumen verbunden ist. Da es sich hierbei um eine einseitige Willenserklärung handelt, finden die diesbezüglichen allgemeinen Regelungen des BGB Anwendung, z.B. für die Frage der Vertretung, der Wirksamkeit etc. Bis zur Anlegung der Wohnungsgrundbücher durch das Grundbuchamt ist die Erklärung widerruflich. Sie kann nicht bedingt oder befristet abgegeben werden und muss das Sondereigentum gegen das gemeinschaftliche Eigentum klar und nachvollziehbar abgrenzen.

Die Teilungserklärung legt also – im Übrigen ebenso wie der Teilungsvertrag – fest, welche Flächen, Anlagen, Teile, Einrichtungen und Räume des Gebäudes im gemeinschaftlichen Eigentum und welche im Sondereigentum stehen sollen. Die Teilungserklärung bestimmt somit den Gegenstand des Sonder- und des gemeinschaftlichen Eigentums. Die Sondereigentumsbereiche werden zu solchen durch ausdrückliche Nennung, Beschreibung und planmäßige Kennzeichnung (Aufteilungsplan) erklärt. Im Einzelnen muss die Teilungserklärung mindestens folgende Anforderungen erfüllen:

- Bestimmung der Höhe und Anzahl der Miteigentumsanteile
- Bestimmung von Sonder- und Gemeinschaftseigentum
- Aufteilungsplan / Abgeschlossenheitsbescheinigung
- Gemeinschaftsordnung

Grundsätzlich kann die Teilungserklärung formfrei erklärt werden, allerdings verlangt die Grundbuchordnung die öffentliche Beglaubigung. In der Praxis ist im Bauträgerbereich, also bei Immobilien, die erst noch entstehen, jedoch die notarielle Beurkundung üblich, da so bei den Abverkäufen der einzelnen Wohnungen die Möglichkeit der Bezugnahme auf die Teilungserklärung besteht und sie deshalb nicht mehr bei jedem Erwerb vorgelesen werden muss (was ansonsten der Fall wäre).

Ob die Teilungserklärung sämtlichen Anforderungen genügt, entscheidet letztlich und faktisch das Grundbuchamt. Es wird die Anlage von Wohnungsgrundbüchern verweigern und dem teilenden Eigentümer Verfügungen erteilen, wenn es mit der Erklärung aus irgendwelchen Gründen nicht einverstanden ist. Dem teilenden Eigentümer wird sodann die Möglichkeit der Nachbesserung erteilt, um sich danach erneut an das Grundbuchamt wenden zu können.

Gemeinschaftsordnung
Der Teilungserklärung wird in der Praxis ausnahmslos eine – rechtlich nicht notwendige – Gemeinschaftsordnung beigefügt. Anders als bei der Teilungserklärung gibt es für sie kein Eintragungserfordernis in das Grundbuch. Die Gemeinschaftsordnung ist begrifflich die Zusammenfassung der Vereinbarungen der Wohnungseigentümer, sie regelt also das Verhältnis unter ihnen. Sie ist der Hausordnung unter Mietparteien vergleichbar.

Die vom Alleineigentümer im Voraus festgestellte Ordnung des Gemeinschaftsverhältnisses ist für den Erwerber verbindlich, ohne dass es einer weiteren vertraglichen Vereinbarung bedarf. Auf die genaue oder auch nur ungefähre Kenntnis des neuen Wohnungseigentümers über den Inhalt der vom Alleineigentümer einseitig bestimmten Regelungen, auf eine Mitwirkung oder auf eine konkrete Einbeziehung der Teilungserklärung in den Kaufvertrag kommt es nicht an, weil die vom Alleineigentümer getroffenen Regelungen kraft Gesetzes als Inhalt des Sondereigentums gegenüber jedem Sonderrechtsnachfolger gelten.

Typische Regelungsmaterien einer Gemeinschaftsordnung sind:

- Benutzungsregelungen sowie Kostenverteilung für die Nutzung verschiedener Anlagen (Antennen, Aufzüge, Gärten etc.)
- Kostenverteilung bei baulichen Veränderungen, die unter Umständen nur einen Baukörper betreffen
- Befugnisse und Pflichten eines Verwaltungsbeirats
- Gebrauchsregelungen (betreutes Wohnen, Ausschluss von gewerblicher Vermietung)
- Zwangsvollstreckungsunterwerfung hinsichtlich Wohngeld sowie Lastschrifteinzugsverfahren
- Fiktion des Zugangs von Erklärungen
- Haftung für Wohngeldrückstände
- Hausordnung
- Haustierhaltung
- Instandhaltungs- bzw. Instandsetzungspflichten
- Konkurrenzverbot
- Reinigungs-, Räum- und Streupflichten
- Stimmrechte
- Veräußerungsbeschränkung
- Verwalterbefugnisse und Pflichten

Diese Aufzählung ist nicht abschließend zu verstehen. Grundsätzlich gilt, dass alles Teil der Gemeinschaftsordnung sein kann, was die Belange von mindestens zwei Wohnungseigentümern betrifft.

Praxistipp:

Sowohl die Teilungserklärung als auch die Gemeinschaftsordnung sollten sorgfältig gelesen werden. Immerhin ist ihnen der Umfang des zu erwerbenden Eigentums als auch der Umgang innerhalb der Gemeinschaft zu entnehmen. Wer keinem gewerblichen Mietverhältnis in seiner unmittelbaren Umgebung ausgesetzt sein möchte, sollte dessen Ausschluss in der Gemeinschaftsordnung wiederfinden.

Weder die Teilungserklärung noch die Gemeinschaftsordnung sind unverrückbar. Sie können bei entsprechender Beschlusslage der Wohnungseigentümergemeinschaft geändert werden.

4.3. Wohnungseigentümergemeinschaft

Die Wohnungseigentümergemeinschaft bildet sich aus allen Eigentümern eines Grundstücks. Sie ist, wie bereits angesprochen, eine Bruchteilsgemeinschaft, der die Teilrechtsfähigkeit mittlerweile zugesprochen wurde, d.h. sie ist rechtsfähig, zumindest soweit es um die Verwaltung des gemeinschaftlichen Eigentums geht. Rechtsfähig zu sein bedeutet, Träger von Rechten und Pflichten sein zu können. Dies wiederum ist Voraussetzung für die sogenannte Prozessfähigkeit, d.h. die Fähigkeit, Prozesshandlungen selbst oder durch bestellte Vertreter wirksam vorzunehmen oder entgegenzunehmen. In bestimmten Fällen hat die Wohnungseigentümergemeinschaft beispielsweise ein eigenes Klagerecht.

4.4. Rechte und Pflichten des Wohnungseigentümers

Dem einzelnen Wohnungseigentümer stehen verschiedene Rechte zu, ihn treffen aber auch verschiedene Pflichten.

Rechte des Wohnungseigentümers

Die Rechte des Wohnungseigentümers sind in § 13 des WEG festgelegt. Dieser sieht vor, dass jeder Wohnungseigentümer, soweit nicht das Gesetz oder Rechte Dritter entgegenstehen, mit den im Sondereigentum stehenden Gebäudeteilen nach Belieben verfahren, insbesondere diese bewohnen, vermieten, verpachten oder in sonstiger Weise nutzen, und andere von Einwirkungen ausschließen kann. Zudem ist jeder Wohnungseigentümer zum Mitgebrauch des gemeinschaftlichen Eigentums innerhalb der Grenzen des WEG berechtigt.

Inhalt des Sondereigentums

Das Wohnungseigentum bzw. Teileigentum (zur Erinnerung: ein solches kann an Kfz-Stellplätzen begründet werden) ist mit den sich aus der Verbindung von Sondereigentum und Miteigentumsanteilen am Gemeinschaftseigentum ergebenden Besonderheiten echtes Individualeigentum im Sinne des § 903 BGB und Art. 14 GG mit allen sich daraus ergebenden Herrschafts- u. Schutzrechten. Grundsätzlich unterscheidet sich daher die Eigentümerstellung an einer Wohnung nicht von einer solchen Stellung in Bezug auf ein gesamtes Grundstück.

Aus der Rechtsstellung als Sondereigentümer ergeben sich positive und negative Eigentumsrechte. Die positiven Rechte bestehen darin, mit dem Gegenstand des Sondereigentums nach Belieben verfahren zu dürfen. Die negativen Rechte bestehen darin, andere von Einwirkungen auf das eigene Sondereigentum auszuschließen.

Gebrauch und Nutzung des Sondereigentums

Zum Bewohnen als Ausdruck der allgemeinen Gebrauchs- und Nutzungsfreiheit gehört das Recht des Sondereigentümers, seine Räume auch wie ein Alleineigentümer nach eigenem Belieben auszustatten, instand zu halten oder zu benutzen. Hierzu gehört u.a. jedes sozial übliche

Verhalten in einer Wohnung wie z.B. das Musizieren, das Rundfunkhören oder Fernsehen. Ob die Tierhaltung zum sozial üblichen Bewohnen gehört, ist stets im Einzelfall unter Beachtung des Rücksichtnahmegebots zu entscheiden. Darüber hinaus können sich hierzu Regelungen in der Gemeinschaftsordnung finden (so wie es hierzu auch Regelungen in einer Hausordnung unter Mietern gibt).

Dem Wohnungseigentümer gehört das Hausrecht. Es ermöglicht ihm, frei darüber zu entscheiden, wem er den Zutritt zu seinen Räumlichkeiten gestattet und wem er ihn verwehrt. Wer sich gegen seinen Willen Zutritt verschafft, muss sich unter Umständen mit dem Vorwurf des Hausfriedensbruchs auseinandersetzen. Zur Gebrauchs- und Nutzungsfreiheit zählt dabei auch das Recht, von anderen den ungehinderten Zugang zu seiner Wohnung verlangen zu können.

Das Gebrauchsrecht schließt auch das Recht ein, die im Sondereigentum stehenden Gebäudeteile, wie z.B. die nichttragenden Innenwände, Zimmertüren, Heizkörper, den Fußbodenoberbelag oder den Deckenunterputz, ergänzen, beseitigen oder verändern zu dürfen.

Mitgebrauch des Gemeinschaftseigentums
Im Hinblick auf das Gemeinschaftseigentum (zur Erinnerung: alle Flächen, die nicht dem ausschließlichen Zutritt einzelner unterliegen) stehen dem einzelnen Wohnungseigentümer der Mitgebrauch und die sonstigen Nutzungen, aber auch das gemeinschaftliche Hausrecht zu.

Mitgebrauch ist Teilnahme am Gebrauch des Gemeinschaftseigentums durch Mitbesitz und Mitbenutzung. Ist der gleichzeitige Gebrauch durch mehrere Wohnungseigentümer nicht möglich, so bedarf es einer Gebrauchsregelung, welche in der Gemeinschaftsordnung oder der Hausordnung festgelegt ist oder durch die Wohnungseigentümergemeinschaft im Beschlusswege getroffen wird.

Neben den Gebrauchsvorteilen gebühren jedem Wohnungseigentümer auch die sonstigen Nutzungen, d.h. die „Früchte" im Sinne des § 100 BGB, nach dem Verhältnis der Miteigentumsanteile. Dies können unmittelbar alle natürlichen Erzeugnisse der gemeinschaftlichen Sache sein, wie Obst, Pflanzen und Bäume des Grundstücks, oder mittelbar die Erträge, die die gemeinschaftliche Sache, egal auf Grund welchen Rechtsverhältnisses, meist Miete oder Pacht oder auch ein gemeinsames Recht (z.B. Überbaurente), gewährt.

Schranken der Eigentümerrechte
Die Eigentumsrechte aus dem Sondereigentum und aus dem Gemeinschaftseigentum gelten jedoch, wie auch sonst, nicht uneingeschränkt. Zunächst kann der Inhalt des Sondereigentums an sich bereits durch Vereinbarung der Wohnungseigentümer im Verhältnis untereinander beschränkt sein. Im Rahmen dieser Vereinbarung können die Wohnungseigentümer auch von

den Regelungen des WEG abweichen. Vereinbarungen in diesem Sinne sind die Gemeinschaftsordnung und die Teilungserklärung. Auch wenn beispielsweise das WEG einer freihändigen Veräußerung von Wohnungen nicht entgegensteht, können die Wohnungseigentümer vereinbaren, dass eine solche Veräußerung nur mit Zustimmung des WEG-Verwalters gestattet wird. Gleichermaßen kann die Gemeinschaftsordnung ein Verbot des Anbringens von Markisen an Terrassen oder von bestimmten Arten von Balkonumzäunungen vorsehen. Dann erfährt der Wohnungseigentümer in dieser Hinsicht damit eine Beschränkung seiner ansonsten allumfassenden Nutzungsmöglichkeit seiner Räumlichkeiten.

Aber aufgepasst: Diese einschränkenden Vereinbarungen gelten einem Erwerber gegenüber nur, wenn sie als Inhalt des Sondereigentums in das Grundbuch eingetragen sind.

Werden hinsichtlich bestimmter Flächen Sondernutzungsrechte in der Teilungserklärung ausgewiesen, hat sich der nicht berechtigte Wohnungseigentümer daran zu halten, auch wenn dies eine Einschränkung seiner Gebrauchsmöglichkeiten in Bezug auf die auch ihm zustehenden Flächen mit sich bringt. Darüber hinaus finden die Eigentumsrechte auch hier ihre Grenzen am gemeinschaftsrechtlichen Nachbarrecht oder an Rechten Dritter.

Vermietung von Sondereigentum

Zu dem Recht, mit der Wohnung nach Belieben verfahren zu dürfen, gehört auch das Recht, sie zu vermieten oder zu verpachten.

Die Vermietung kann durch Vereinbarung oder einen Mehrheitsbeschluss der Wohnungseigentümer sowohl vorgeschrieben als auch ausgeschlossen werden. Durch Vereinbarung kann die Vermietung auch von der Zustimmung einer anderen Person (Verwalter, Verwaltungsbeirat, Wohnungseigentümer) oder von einem Eigentümerbeschluss abhängig gemacht werden. Im Falle eines Verstoßes gegen die vereinbarten Vermietungsbeschränkungen können die übrigen Wohnungseigentümer den Vermieter auf Unterlassung des unzulässigen Gebrauchs seines Sondereigentums in Anspruch nehmen und gegebenenfalls auch Schadenersatz verlangen.

Praxistipp:

Verstößt ein Wohnungseigentümer gegen vereinbarte oder gesetzliche Gebrauchsbeschränkungen, sind die anderen Wohnungseigentümer berechtigt, den Mieter auf Unterlassung oder Beseitigung in Anspruch zu nehmen. Hat der Vermieter, sprich der Wohnungseigentümer, dem Mieter nicht gleichermaßen die Gebrauchsbeschränkungen auferlegt, kann der Mieter sich wiederum an seinem Vermieter schadlos halten. Es empfiehlt sich daher, die Gemeinschaftsordnung oder die sonstigen Vereinbarungen, aus den sich Beschränkungen ergeben, zur Anlage zum Mietvertrag zu nehmen.

Rechtsschutz
Da Wohnungseigentum echtes Eigentum ist, stehen jedem Wohnungseigentümer bei Entzug oder Störung seines Sondereigentums die allgemeinen Ansprüche aus dem Eigentum, d.h. Herausgabe, Beseitigung oder Unterlassung, aus dem Besitz sowie aus unerlaubter Handlung zu.

Wird das Gemeinschaftseigentum durch unberechtigte Alleinnutzung den übrigen Wohnungseigentümern vorenthalten, so steht diesen ein Herausgabeanspruch und ein Unterlassungsanspruch zu. Wird das Gemeinschaftseigentum beeinträchtigt, so stehen den übrigen Wohnungseigentümern die allgemeinen Besitzstörungs-, Abwehr- oder Schadenersatzansprüche zu.

Der Wohnungseigentümergemeinschaft als Rechtsträger – die ja selbstständig Träger von Rechten und Pflichten sein kann – können Abwehr- oder Schadenersatzansprüche nur zustehen, wenn sie selbst Eigentümerin oder Besitzerin von Sondereigentum ist, das durch andere Wohnungseigentümer beeinträchtigt oder beschädigt wurde. Wird das Sondereigentum durch die Wohnungseigentümergemeinschaft beeinträchtigt oder beschädigt, so kann auch die Wohnungseigentümergemeinschaft als solche auf Unterlassung, Beseitigung oder Schadenersatz in Anspruch genommen werden.

Geht die Störung von einem außenstehenden Dritten aus, stehen dem gestörten Wohnungseigentümer die allgemeinen Abwehransprüche zu.

Pflichten des Wohnungseigentümers
Die Pflichten des Wohnungseigentümers sind in § 14 des WEG festgelegt. Hiernach ist jeder Wohnungseigentümer verpflichtet,

1) die im Sondereigentum stehenden Gebäudeteile so instand zu halten und von diesen sowie von dem gemeinschaftlichen Eigentum nur in solcher Weise Gebrauch zu machen, dass dadurch keinem der anderen Wohnungseigentümer über das bei einem geordneten Zusammenleben unvermeidliche Maß hinaus ein Nachteil erwächst,

2) für die Einhaltung der zuvor bezeichneten Pflichten durch Personen zu sorgen, die seinem Hausstand oder Geschäftsbetrieb angehören oder denen er sonst die Benutzung der in Sonder- oder Miteigentum stehenden Grundstücks- oder Gebäudeteile überlässt,

3) Einwirkungen auf die im Sondereigentum stehenden Gebäudeteile und das gemeinschaftliche Eigentum zu dulden, soweit sie auf einem zulässigen Gebrauch beruhen und

4) das Betreten und die Benutzung der im Sondereigentum stehenden Gebäudeteile zu gestatten, soweit dies zur Instandhaltung und Instandsetzung des gemeinschaftlichen Eigentums erforderlich ist; der hierdurch entstehende Schaden ist zu ersetzen.

1) Verbot der Nachteilszufügung

Unter einem Nachteil ist jede konkrete und objektive Beeinträchtigung zu verstehen. Hierunter können z.B. bauliche Veränderungen in Form von auf Dauer angelegten Umgestaltungen des Gemeinschaftseigentums wie beispielsweise die Anbringung einer Parabolantenne oder einer Video-Überwachungsanlage fallen. Beeinträchtigungen können auch z.B. durch Videoüberwachung, das Aufstellen von Gartenzwergen, das Anbringen politischer Spruchbänder an der Balkonbrüstung oder Beleidigungen und Beschimpfungen erwachsen. Nachteilige Einwirkungen auf den Gebrauch des Sonder- oder Gemeinschaftseigentums können sich ferner aus falschem Umgang mit Feuer, Wasser, Geräuschen oder Gerüchen ergeben. Nachteilig kann sich auch eine intensivere Nutzung auswirken, wie z.B. die Zusammenlegung von mehreren Kellerräumen und ihre Ausstattung mit Sauna, Dusche und WC. Schließlich können sich Beeinträchtigungen aus Veränderungen ergeben, die den optischen Gesamteindruck nach der Verkehrsanschauung verständlicherweise verschlechtern, wie z.B. Markisen, Balkonverkleidungen, Sonnensegel oder Werbefolien an den Fenstern.

Ist ein Nachteil gegeben, so muss er erheblich sein. Unerhebliche oder unvermeidliche Beeinträchtigungen sind von jedem hinzunehmen. Entscheidend ist, ob sich ein verständiger Durchschnittseigentümer nach der Verkehrsanschauung in der entsprechenden Lage verständlicherweise beeinträchtigt fühlen kann. Subjektive Empfindlichkeiten genügen nicht. Zu beachten ist, dass die Schwelle der Erheblichkeit von der Rechtsprechung eher niedrig angesetzt wird.

Am einfachsten und auch ausdrücklich zu empfehlen dürfte es sein, sich mit seinen Miteigentümern ins Gespräch zu setzen und einvernehmlich Regelungen über das Miteinander zu treffen.

Jeder Wohnungseigentümer ist verpflichtet, die im Sondereigentum stehenden Gebäudeteile so instand zu halten, dass sie andere Wohnungseigentümer nicht erheblich beeinträchtigen. Dies gilt auch für Instandsetzungsmaßnahmen.

Neben diesen Pflichten ist jeder Wohnungseigentümer gehalten, sowohl das Sonder- als auch das Gemeinschaftseigentum schonend zu behandeln. Das Rauchen im Treppenhaus, das Versprühen von Duftstoffen oder das Lagern von Mülltüten oder sonstigen Abfällen geht über einen solchen schonenden Gebrauch hinaus. Ebenso unzulässig ist das Aufstellen von Futterkästen für Tauben, welche die Hausfassade verunreinigen oder das Abbrennen geruchsintensiver Duftkerzen auf dem Balkon oder der Terrasse. Auch im Garten und auf den Freiflächen gilt der Grundsatz, sodass beispielsweise keine Bäume oder Blumenbeete eigenmächtig entfernt werden dürfen.

All dies kann auch gestattet werden, vorausgesetzt, die weiteren Wohnungseigentümer verständigen sich hierauf.

2) Einwirkungspflicht auf Fremdnutzer
Jeder Wohnungseigentümer hat dafür Sorge zu tragen, dass die zuvor genannten Pflichten auch von seinen Mitbewohnern, seinen Familienmitgliedern oder etwaigen Mietern eingehalten werden, also von jedem, dem er die Mitbenutzung seiner Räumlichkeiten überlässt. Mit dieser Vorschrift wird eine Sorge- und Einwirkungspflicht statuiert. Damit wird allerdings nicht bestimmt, dass der Wohnungseigentümer für etwaige Verstöße anderer haftet. Eine eventuelle Haftung für das Verhalten eines Dritten richtet sich weiterhin nach den allgemeinen gesetzlichen Vorschriften.

3) Duldungspflicht
Den zulässigen Gebrauch aller Flächen hat jeder Wohnungseigentümer und auch jeder Dritte zu dulden. (Zur Erinnerung: Was unter ordnungsgemäßem Gebrauch zu verstehen ist, ergibt sich aus dem Gesetz und aus den getroffenen Vereinbarungen zwischen den Wohnungseigentümern sowie dem Rücksichtnahmegebot.) Die oben genannte Duldungspflicht trifft neben dem Wohnungseigentümer auch den Dritten. Schließlich sind auch Einwirkungen zu dulden, auf die ein rechtlicher Anspruch besteht, z.B. aus Nachbarrecht.

4) Gestattungspflicht, Entschädigungsanspruch
Neben der allgemeinen Duldungspflicht trifft den Wohnungseigentümer auch die sogenannte Gestattungspflicht. Hierbei müssen sowohl das Betreten und Benutzen als auch der Zweck erforderlich sein. Ob der Wohnungseigentümer Instandhaltung oder Instandsetzung gestatten muss, ist im Einzelfall durch Abwägung der Interessen des Sondereigentümers gegen die der Gemeinschaft zu entscheiden. Die Pflicht ist hierbei auf die Gestattung beschränkt; die Vorschrift begründet keine Handlungspflicht.

Der Anspruch auf Entschädigung setzt voraus, dass der Sondereigentümer oder Sondernutzungsberechtigte durch das Betreten und die Benutzung der im Sondereigentum stehenden oder einem Sondernutzungsrecht unterliegenden Gebäudeteile und Flächen und der zur Instandsetzung und Instandhaltung des Gemeinschaftseigentums erforderlichen substanziellen Einwirkung adäquat kausal einen Schaden erlitten hat. Dem Umfang nach zu ersetzen ist der unmittelbare Substanzschaden und der mittelbare Schaden im Sondereigentum. Hierzu zählen z.B. der Mietausfall, etwa wegen Mietminderung während der Instandsetzungsarbeiten, die Kosten einer Ersatzunterkunft, angefallene Räumungs-, Transport- und Lagerkosten. Nicht ersatzfähig ist der Nutzungsverlust von Terrasse, Garten oder Garage.

Vorüberlegungen, wenn die Wohnung bisher nur auf dem Reißbrett existiert
Der Kauf einer Eigentumswohnung muss sorgfältig überlegt und gut vorbereitet sein. Insbesondere beim Kauf einer Wohnung in einem noch zu errichtenden Neubauprojekt (Wohnungskauf vom Reißbrett) kommt es im Besonderen auf die Verkaufsunterlagen und das Kleingedruckte

an. Den Charme dieser Wohnungen macht jedoch aus, dass es keine Gebrauchsspuren einer vorherigen Nutzung gibt, man in gewissem Umfang nach dem eigenen Geschmack mitgestalten kann und der Bauträger nach der Bauabnahme fünf Jahre für Mängel an der Wohnung haftet. Verglichen mit Altbauten gibt es weniger unliebsame Überraschungen und weniger unvorhergesehene Kosten.

Sichtung des Marktes

Wer sich für den Kauf einer Neubauwohnung interessiert, sollte sich zunächst einen Überblick über aktuelle Projekte am Wunschort verschaffen – idealerweise über einen längeren Zeitraum. Dann besteht die Möglichkeit, sich Exposés von Wohnungen zu beschaffen, die noch nicht fertiggestellt sind. Hier kann bereits geprüft werden: Wie ist die Lage des Projekts, in welcher Umgebung befindet es sich? Handelt es sich um eine gewachsene Nachbarschaft mit guter Infrastruktur? Handelt es sich um ein Projekt, das innerhalb eines großen Areals gebaut wird, sollten zudem Informationen zu weiteren Bauabschnitten eingeholt werden, damit klar ist, wie die Umgebung künftig aussehen wird.

Referenzen einholen

Wer eine Wohnung vom Reißbrett kauft, muss auch den Bauträger wohlüberlegt wählen. Ansonsten kann es zu unangenehmen Überraschungen, wie einer schleppenden Vermarktung oder langen Verzögerungen beim Baufortschritt kommen. Es empfiehlt sich daher, vorab Informationen über den Bauträger einzuholen und folgende Fragen zu klären: Welche Projekte hat das Bauunternehmen bereits durchgeführt, in welchem Zustand befinden sich diese, wurden sie schnell vermarktet oder nicht? Welche Erfahrungen haben andere Käufer mit diesem Projektentwickler gemacht, lief der Baufortschritt reibungslos oder gab es Verzögerungen?

NEUMARIEN
Wohnquartier mit rund 650 Wohneinheiten in Berlin, Bezirk Neukölln, Ortsteil Neukölln (Baubeginn 2018)
neumarien.buwog.com

KAPITEL **FÜNF**

Der nun folgende Abschnitt beschäftigt sich mit den Möglichkeiten der Finanzierung der Vorsorgewohnobjekte. Die Autoren erklären, welche Vertragsformen für die Finanzierung es gibt, welche Besonderheiten und Vorzüge diese besitzen und was es im Einzelnen vertraglich zu regeln gilt.

5. FINANZIERUNG EINER VORSORGEWOHNUNG

Der Erwerb einer Vorsorgewohnung gehört üblicherweise zu den finanziell aufwändigsten Anschaffungen, die man im Leben macht. Je nach Lage, Ausstattung und Zustand liegen die Kaufpreise zuzüglich der Nebenkosten regelmäßig im sechsstelligen Euro-Bereich, bei besonders hochwertigen Objekten auch darüber.

In den seltensten Fällen verfügt ein Erwerber über genügend eigene verfügbare Mittel, um die Wohnung vollständig „aus eigener Tasche" bezahlen zu können. Die Finanzierung erfolgt daher normalerweise über die Bereitstellung eines entsprechenden Darlehens. Darlehensgeber sind im Wesentlichen private Kreditinstitute, Sparkassen oder Volks- und Raiffeisenbanken sowie Bausparkassen, manchmal aber auch Versicherungen oder Versorgungswerke. Für die Vergabe von besonders geförderten Krediten sind die Kreditanstalt für Wiederaufbau (KfW) und die Förderinstitute der einzelnen Bundesländer zuständig.

Eine Immobilienfinanzierung setzt sich also regelmäßig aus zwei Komponenten zusammen: einem Eigenkapitalanteil, der vom Erwerber selbst aufzubringen ist, und einem Fremdkapitalanteil, der als Darlehen z.B. von einer Bank zur Verfügung gestellt wird. Wie hoch das Verhältnis von Eigen- zu Fremdkapitalanteil ist bzw. sein soll, lässt sich pauschal nicht beantworten. Es gab in der Vergangenheit durchaus Zeiten, in denen Darlehen zu 100 % des Kaufpreises und darüber hinaus (zur Finanzierung von Nebenkosten, Umzug, neuen Möbeln etc.) gewährt wurden. Die Risiken einer 100%-Finanzierung sind jedoch sowohl für die Bank als auch für den Erwerber sehr hoch, da der Immobilienwert vollständig die Finanzierungssumme abdecken muss und genau genommen nicht einmal einen Risikoabschlag beinhalten darf. Nicht zuletzt durch die, u.a. durch falsch strukturierte private Immobilienfinanzierungen ausgelöste, weltweite Finanzkrise 2008 und in deren Folge durch die gesetzlich verschärften Vergabebedingungen der Banken für Immobilienkredite sind 100%-Finanzierungen heutzutage kaum noch denkbar. Vielmehr wird man heute für die Finanzierung einer Eigentums- bzw. Vorsorgewohnung immer mit einem Eigenkapitalanteil von zehn bis 30 % rechnen müssen.

5.1. Formen und Inhalt von Darlehensverträgen

So einfach auch das rechtliche Grundprinzip eines Darlehensvertrags ist (der Darlehensgeber leiht dem Darlehensnehmer Geld, dafür ist der Darlehensnehmer verpflichtet, dem Darlehensgeber den vereinbarten Zins und zum vereinbarten Fälligkeitstag die Darlehenssumme wieder zurückzuzahlen), so vielfältig sind mittlerweile die Varianten und Vertragsbedingungen geworden, zu denen Immobilienkredite vergeben werden.

M. Fesselmann, R. Kobabe, K. Schwenzfeier, U. Siegemund, *Vorsorgewohnen in Deutschland*,
https://doi.org/10.1007/978-3-658-21288-9_5

Annuitätendarlehen

Die wohl meistverbreitete Form eines Immobilienkredits ist die des sogenannten Annuitätendarlehens. Beim Annuitätendarlehen wird eine feststehende monatliche (gegebenenfalls auch vierteljährliche) Rate (die „Annuität") vereinbart, die sich aus einem Zinsanteil und einem Tilgungsanteil zusammensetzt. Durch den monatlichen Tilgungsanteil und die Tatsache, dass der Zinsanteil sich nur auf die noch nicht getilgte Darlehenssumme bezieht, die Gesamtrate jedoch gleich bleibt, verschiebt sich das Verhältnis von Zins- und Tilgungsanteil laufend (wenn auch – gerade anfänglich – kaum spürbar) zugunsten des Tilgungsanteils. Mit jeder gezahlten Rate sinkt also der Zinsanteil. Beispiel: Bei einem Darlehen von EUR 250.000 mit einem Zinssatz von 2,5 % p.a. (EUR 6.250 p.a. bzw. EUR 520,83 p.M.) und einer anfänglichen Tilgung von 2 % p.a. (EUR 5.000 p.a. bzw. EUR 416,67 p.M.) beträgt die monatliche Annuität EUR 937,50. Schon nach der Zahlung der ersten Rate beträgt das Darlehen nicht mehr EUR 250.000, sondern nur noch EUR 249.583,33. Daher beträgt der Zinsanteil der nächsten Rate (Annuität) auch nicht mehr EUR 520,83, sondern nur noch EUR 519,97, wodurch sich der Tilgungsanteil auf EUR 417,53 erhöht.

Tilgungsdarlehen mit laufender und mit endfälliger Tilgung

Eine weitere Form eines Immobilienkredits ist das sogenannte Tilgungsdarlehen. Beim Tilgungsdarlehen wird ein fester Tilgungssatz über die gesamte Laufzeit des Darlehens vereinbart (z.B. 2 % p.a.) und neben dem Tilgungsanteil der entsprechende Zins für die noch nicht getilgte Darlehenssumme gezahlt. Durch die sinkende Darlehenssumme reduziert sich auch der jeweilige Zinsanteil. Da der Tilgungsanteil jedoch immer gleich bleibt, reduziert sich über die Laufzeit die monatlich (oder vierteljährlich) aufzubringende Gesamtzahlung.

Manchmal werden Immobilienkredite auch in der Form vergeben, dass über die vereinbarte Laufzeit nur ein Zins zu zahlen ist und der Kredit erst am Ende der Laufzeit in einer Summe zurückgezahlt wird. Solche endfälligen Immobilienkredite bieten sich immer dann an, wenn der Darlehensnehmer vorhersehbar zum Zeitpunkt der Fälligkeit über einen entsprechenden Tilgungsbetrag verfügen kann, z.B. weil eine Lebensversicherung oder Abfindungszahlung fällig wird. Soweit hierfür keine zusätzlichen regelmäßigen Beträge vom Darlehensnehmer aufgenommen werden müssen, ist die laufende Belastung aus dem Immobilienkredit gegenüber einem Annuitätendarlehen oder einem normalen Tilgungsdarlehen natürlich deutlich geringer.

Mitunter werden endfällige Tilgungsinstrumente auch erst zum Zeitpunkt der Gewährung des Immobilienkredits abgeschlossen, z.B. wenn ein Versicherungsvertrag oder ein Fondssparvertrag über die Laufzeit eine attraktive Rendite verspricht und so mit der Sparleistung auf den Versicherungs- bzw. Fondssparvertrag eine höhere Tilgungsleistung zu erwarten ist als bei Einzahlung der Raten auf den Immobilienkredit. In einem solchen Fall gilt es allerdings vom Darlehensnehmer genau einzuschätzen, wie sicher die kalkulierte Höhe des endfälligen Tilgungsinstruments tatsächlich ist und ob sich der Vorteil einer höheren Tilgungschance gegenüber dem prinzipiellen Nachteil eines nicht sinkenden Zinsanteils tatsächlich „rechnet".

Vor- und Nachteile der Darlehensformen
Welche Darlehensform für den Erwerber einer Vorsorgewohnung geeignet ist, lässt sich pauschal nicht beantworten. Das Annuitätendarlehen ist wegen seiner gleichbleibenden Raten sicherlich in der eigenen Haushaltsplanung am einfachsten zu kalkulieren. Über die Laufzeit gesehen wird es aber gegenüber dem normalen Tilgungsdarlehen (bei sonst gleichen Konditionen) eher etwas teurer ausfallen. Das Tilgungsdarlehen hat über die Laufzeit sinkende laufende Zahlungen, die jedoch gegenüber dem Annuitätendarlehen (bei sonst gleichen Konditionen) anfänglich höher ausfallen und erst im weiteren Verlauf unter die des Annuitätendarlehens sinken. Das endfällige Darlehen führt im Vergleich zu einer deutlich reduzierten laufenden Belastung (es sei denn, das Tilgungsinstrument muss erst angespart werden). Durch die fehlende Tilgung ist es vom Zinsanteil her aber auch die teuerste Darlehensform.

Exkurs: Bauspardarlehen
Der Vollständigkeit halber sei noch auf das Bauspardarlehen hingewiesen. Vorteil des Bauspardarlehens ist der verhältnismäßig günstige Kreditzins, der für Bauspardarlehen regelmäßig gewährt wird. Allerdings muss man sich diesen günstigen Kreditzins quasi erst verdienen. Das bedeutet, bevor man ein Bauspardarlehen in Anspruch nehmen kann, muss man zunächst mit laufenden Zahlungen einen Betrag ansparen, damit der Bausparvertrag zuteilungsreif wird und das Bauspardarlehen ausgezahlt werden kann. Der Zeitpunkt der Zuteilungsreife kann dabei nicht immer exakt vorhergesagt werden, da er auch vom Anspar-, Abruf- und Tilgungsverhalten der anderen Bausparer abhängt. Hintergrund ist, dass von der Grundidee her die Einlagen der Bausparer die Mittel für die Inanspruchnahme der Bauspardarlehen darstellen. Allerdings ist auch heutzutage der Ansparzins auf Bauspareinlagen recht attraktiv, sodass der Abschluss eines Bausparvertrags immer dann eine lohnende Alternative sein kann, wenn man sicher ist, irgendwann einmal eine Immobilienfinanzierung in Anspruch nehmen zu wollen. Nicht selten werden Bausparverträge auch erst im Zusammenhang mit dem Erwerb einer Immobilie abgeschlossen. Um die Zeit bis zur Zuteilungsreife zu überbrücken, gewährt die Bank als Zwischenfinanzierung ein endfälliges Tilgungsdarlehen, das sodann von dem (günstigen) Bauspardarlehen abgelöst wird.

Inhalt von Darlehensverträgen
Wie erwähnt, ist das Grundprinzip von Darlehen und damit auch von Darlehensverträgen relativ simpel. Allerdings haben Immobilienfinanzierungen für die meisten Darlehensnehmer eine immense Bedeutung, sodass zur Erhöhung der Rechtssicherheit nicht nur die absoluten Mindestvereinbarungen getroffen, sondern regelmäßig noch zahlreiche weitere wichtige Punkte geregelt werden sollten. Schließlich schreibt auch das Verbraucherrecht in vielfacher Hinsicht vor, was in Immobilienkreditverträgen mit Verbrauchern wie geregelt werden muss oder kann.

Neben der eindeutigen Bestimmung der Vertragsparteien, der Festlegung der Darlehenssumme und den Bedingungen für deren Auszahlung wird gerade bei Immobilienfinanzierungen regelmäßig eine Verpflichtung zur ausschließlichen Verwendung der Darlehensmittel zum Kauf der gewünschten Immobilie (Verwendungszweck) vereinbart.

Kernelemente eines jeden Darlehensvertrags sind natürlich die Laufzeit, die Zinshöhe sowie die Art der Tilgung bzw. der Rückzahlung. Nicht selten wird auf die konkrete Vereinbarung einer Laufzeit verzichtet, da sich diese regelmäßig aus der Höhe und der Anzahl der vereinbarten Raten ergibt und der Darlehensvertrag so lange läuft, bis mit der letzten Rate der Kredit vollständig zurückgezahlt wird. Neben der Vereinbarung über die regelmäßige Tilgung sind häufig auch Vereinbarungen über Sondertilgungen oder Tilgungsaussetzungen zu finden.

Dagegen wird man regelmäßig eine Klausel über die Dauer der Zinsbindung finden. Dies bedeutet, dass die Bank sich vorbehält, nach Ablauf von z.B. zehn oder 15 Jahren mit dem Darlehensnehmer einen neuen, dem aktuellen Zinsniveau entsprechenden Zins zu vereinbaren. Hierin liegt wohl auch eines der größten Risiken einer notwendigerweise langfristigen Immobilienfinanzierung: Hat sich zum Ablauf der Zinsbindungsfrist das Zinsniveau erhöht, muss der Darlehensnehmer für das Restdarlehen zwangsläufig eine höhere Annuität in Kauf nehmen. Je nachdem, wie hoch die Zinserhöhung ausfällt, kann diese den Darlehensnehmer in ernsthafte Schwierigkeiten bringen, wenn er nicht in der Lage ist, die erhöhten Kreditkosten anderweitig auszugleichen (z.B. durch erhöhte Mieteinnahmen).

Soweit für die Finanzierung kein Festzins, sondern ein variabler Zinssatz vereinbart wird, ist natürlich auch festzulegen, in welchen Abständen (z.B. quartalsweise) der Zinssatz seitens der finanzierenden Bank angepasst werden darf und wann und in welcher Form der Darlehensgeber hierüber informiert wird. Variable Zinssätze orientieren sich prinzipiell an Zinssätzen, die am Geldmarkt für Finanzgeschäfte zwischen Banken gehandelt werden (z.B. EURIBOR, was für „Euro Inter Bank Offered Rate" steht), und denen noch eine Marge für die Bank zugeschlagen wird.

Neben der Vereinbarung eines Zinses für die Überlassung des Darlehens werden von Banken regelmäßig auch Zinsen für die bloße Bereitstellung der Darlehenssumme vereinbart. Diese sogenannten Bereitstellungszinsen werden dann relevant, wenn der Darlehensnehmer den Darlehensvertrag bereits abschließen will (z.B. um sich einen günstigen Zinssatz zu sichern), aber die Auszahlung des Darlehens noch nicht verlangt bzw. verlangen kann (z.B. weil der Kaufpreis der Immobilie erst später oder – im Fall eines Neubaus – nur sukzessive fällig wird).

Ein weiteres Kernelement praktisch jeden Immobilienkreditvertrags ist die Vereinbarung über die vom Darlehensnehmer zu stellenden Sicherheiten. Dies sind regelmäßig Grundschulden, die zu Lasten des sichernden Grundstücks (meist die zu erwerbende Immobilie) zu Gunsten der finanzierenden Bank im Grundbuch eingetragen werden. Nicht ausgeschlossen ist, dass neben einer Grundschuld vom Darlehensnehmer noch weitere Sicherheiten, wie z.B. eine Bürgschaft oder die Verpfändung eines Wertpapierdepots verlangt werden.

Zu beachten ist, dass sich das Vertragsverhältnis zwischen dem Darlehensnehmer und dem Kreditgeber, also beispielsweise einer Bank, nicht nur auf den reinen Kreditvertrag beschränkt. Vielmehr sind auch die Allgemeinen Geschäftsbedingungen des Instituts zu beachten, die allgemeine Bestimmungen zu dem Geschäftsverhältnis zwischen Darlehensnehmer und Bank regeln. Daneben sind (neben dem Kreditvertrag) gegebenenfalls auch besondere Kreditbedingungen zu beachten sowie insbesondere die Sicherungszweckvereinbarung. In dieser wird festgelegt, welche Forderungen der Bank durch die Grundschuld (bzw. die weiteren Sicherheiten) abgesichert werden. Wenn – wie üblich – ein sogenannter weiter Sicherungszweck vereinbart wird, dann dient die Grundschuld nicht nur zur Sicherung des Immobilienkredits selbst, sondern zur Sicherung sämtlicher Forderungen, die die Bank gegen den Darlehensnehmer hat. Gerade bei sehr umfänglichen oder komplexen Geschäftsbeziehungen eines Darlehensnehmers zu seiner Bank birgt ein weiter Sicherungszweck – so verständlich er aus Sicht der Bank auch sein mag – gewisse Risiken, da jede nicht beglichene Forderung aus dem Geschäftsverhältnis dazu führen könnte, dass die Bank aus der Grundschuld heraus in die Vorsorgewohnung vollstreckt, d.h. schlimmstenfalls deren Verkauf initiiert.

5.2. Immobiliar-Verbraucherdarlehensvertrag und Verbraucherrechte

Qualifikation als Immobiliar-Verbraucherdarlehensvertrag
Bei Erwerbern von Vorsorgewohnungen handelt es sich üblicherweise um Verbraucher gem. § 13 BGB, also um natürliche Personen, die den Kauf der Vorsorgewohnung bzw. deren Finanzierung zu Zwecken abschließen, die nicht oder jedenfalls nicht überwiegend ihrer gewerblichen oder ihrer selbstständigen beruflichen Tätigkeit zugerechnet werden können, sondern ihrem Privatbereich. Soweit die Finanzierung des Erwerbs nicht auf privatem Weg erfolgt, sind umgekehrt die darlehensgebenden Banken, Versicherungen etc. Unternehmer im Sinne von § 14 BGB.

Damit ist der Kreditvertrag, den der Erwerber der Vorsorgewohnung z.B. mit seiner Bank abschließt, ein sogenannter Immobiliar-Verbraucherdarlehensvertrag gem. § 491 Abs. 1 BGB, für den besondere gesetzliche Anforderungen gelten, die mit der sogenannten Wohnimmobilienkreditrichtlinie insbesondere vom europäischen Gesetzgeber vorgegeben wurden (und die insoweit auch innerhalb der EU einheitlich Geltung gefunden haben).

Sollte der Darlehensvertrag mit dem Arbeitgeber geschlossen werden, gilt dieser nach § 491 Abs. 3 Satz 2 BGB übrigens nicht als Immobiliar-Verbraucherdarlehensvertrag.

Generell ist das Verbraucherrecht dadurch geprägt, dass der Unternehmer bzw. das Unternehmen, mit dem der Verbraucher einen Vertrag abschließen will, generell als wirtschaftlich überlegen und in der Sache kenntnisreicher angesehen wird. Damit der Unternehmer seine Überlegenheit jedoch nicht zu Lasten von Verbrauchern ausnutzt, ist er zu einer umfassenden und transparenten Information über sein Produkt und seine Dienstleistung verpflichtet. Darüber hinaus ist er bei der Formulierung seiner Vertragsbestimmungen bzw. bei der Gestaltung der Vertragsinhalte stark beschränkt und kann bei Weitem nicht diejenigen Regelungen treffen, die aus seiner Sicht gegebenenfalls wünschenswert wären.

Vorvertragliche Informationspflichten

Der Verbraucherschutz ist u.a. bei Immobiliar-Verbraucherdarlehensverträgen besonders ausgeprägt und fängt bereits an, bevor ein solcher Kreditvertrag abgeschlossen wird. Denn der Darlehensgeber ist gemäß § 491a Abs. 1 BGB i.V.m. Art. 247 § 1 Abs. 1 EGBGB verpflichtet, dem Darlehensnehmer zunächst mitzuteilen, welche Informationen und Nachweise er innerhalb welchen Zeitraums von ihm benötigt, um eine ordnungsgemäße Kreditwürdigkeitsprüfung durchführen zu können. Dabei hat er den Darlehensnehmer darauf hinzuweisen, dass eine Kreditwürdigkeitsprüfung für den Abschluss des Darlehensvertrags zwingend ist und nur durchgeführt werden kann, wenn die hierfür benötigten Informationen und Nachweise richtig sind und vollständig beigebracht werden.

Darüber hinaus muss der Darlehensgeber dem Darlehensnehmer sogenannte vorvertragliche Informationen zur Verfügung stellen, und zwar unverzüglich nachdem dieser die Angaben zur Kreditwürdigkeitsprüfung erhalten hat und in jedem Fall rechtzeitig vor Abgabe der Vertragserklärung des Darlehensnehmers, also bevor der Darlehensnehmer den Darlehensvertrag unterschreibt. Für die vorvertraglichen Informationen hat der Darlehensgeber die vorgeschriebene Form einzuhalten, d.h. er ist verpflichtet, hierfür das vom Gesetzgeber vorgeschriebene Europäische Standardisierte Merkblatt (ESIS) zu verwenden.

Das ESIS enthält zahlreiche – standardisierte – Informationen, die aus Sicht des Gesetzgebers für den Verbraucher insbesondere aus Gründen der Vergleichbarkeit der Angebote für seine Kreditentscheidung wichtig sind: So muss das ESIS spezifische Angaben zur Identität des Kreditgebers (einschließlich der Möglichkeit der Kontaktaufnahme) und zur Identität eines etwaigen Kreditvermittlers machen (einschließlich der Möglichkeit der Kontaktaufnahme zu diesem sowie einer Angabe zu seiner Vergütung); zu den Hauptmerkmalen des Kredits (Kreditbetrag und Währung, Laufzeit, Kreditart, Art des anwendbaren Zinssatzes, zurückzuzahlender Gesamtbetrag, Schätzwert der Immobilie, mögliche Beleihungsgrenzen, Sicherheiten); zum Zinssatz und gegebenenfalls anderen Kosten; zur Häufigkeit und Anzahl der Ratenzahlungen; zur Höhe der einzelnen Raten; zu einem Beispieltilgungsplan; zu möglichen zusätzlichen Auflagen; zur Möglichkeit einer vorzeitigen Rückzahlung; zu weiteren Merkmalen des Kredits und zu sonstigen Rechten des Kreditnehmers; zu den Möglichkeiten des Beschwerdeverfahrens; zu den Konsequenzen der Nichteinhaltung der aus dem Kreditvertrag erwachsenden Verpflichtungen; zum anwendbaren Recht und zur zuständigen Aufsichtsbehörde.

Der Darlehensgeber hat das ESIS jedem Vertragsangebot und jedem Vertragsvorschlag, an dessen Bedingungen er sich bindet, beizufügen. Auch den bindenden Vertragsvorschlag muss der Darlehensgeber dem Darlehensnehmer zur Verfügung stellen, jedenfalls muss er dem Darlehensnehmer anbieten, einen Vertragsentwurf auszuhändigen oder zu übermitteln.

Der Darlehensgeber ist zudem verpflichtet, dem Darlehensnehmer vor Abschluss des Darlehensvertrags angemessene Erläuterungen zu geben, damit der Darlehensnehmer in die

Lage versetzt wird, zu beurteilen, ob der Vertrag dem von ihm verfolgten Zweck und seinen Vermögensverhältnissen gerecht wird. Hierzu werden regelmäßig die vorvertraglichen Informationen aus dem ESIS erläutert. Werden mit einem Immobiliar-Verbraucherdarlehensvertrag Finanzprodukte oder Finanzdienstleistungen im Paket angeboten, so muss dem Darlehensnehmer erläutert werden, ob diese gesondert gekündigt werden können und welche Folgen die Kündigung hat.

Form und notwendige Vertragsinhalte
Ein Immobiliar-Verbraucherdarlehensvertrag ist grundsätzlich schriftlich abzufassen. Der Vertrag muss die gesetzlich nach Art. 247 §§ 6 bis 13 des EGBGB vorgeschriebenen Angaben enthalten:

1) den Namen und die Anschrift des Darlehensgebers
2) die Art des Darlehens
3) den effektiven Jahreszins
4) den Nettodarlehensbetrag
5) den Sollzinssatz. Die Angabe zum Sollzinssatz muss die Bedingungen und den Zeitraum für seine Anwendung sowie die Art und Weise seiner Anpassung enthalten. Ist der Sollzinssatz von einem Index oder Referenzzinssatz abhängig, sind diese anzugeben. Sieht der Darlehensvertrag mehrere Sollzinssätze vor, sind die Angaben für alle Sollzinssätze zu erteilen. Sind in diesem Fall Teilzahlungen vorgesehen, ist anzugeben, in welcher Reihenfolge die ausstehenden Forderungen des Darlehensgebers, für die unterschiedliche Sollzinssätze gelten, durch die Teilzahlungen getilgt werden.
6) die Vertragslaufzeit
7) Betrag, Zahl und Fälligkeit der einzelnen Teilzahlungen. Dies gilt nicht, wenn die Laufzeit des Darlehensvertrags vom Zeitpunkt der Zuteilung eines Bausparvertrags abhängt.
8) alle sonstigen Kosten, insbesondere in Zusammenhang mit der Auszahlung oder der Verwendung eines Zahlungsauthentifizierungsinstruments, mit dem sowohl Zahlungsvorgänge als auch Abhebungen getätigt werden können, sowie die Bedingungen, unter denen die Kosten angepasst werden können
9) das Bestehen oder Nichtbestehen eines Widerrufsrechts

Grundsätzlich steht dem Darlehensnehmer gem. § 495 Abs. 1 BGB ein Widerrufsrecht zu. Daher muss der Darlehensvertrag auch Angaben zur Frist und zu anderen Umständen für die Erklärung des Widerrufs sowie einen Hinweis auf die Verpflichtung des Darlehensnehmers enthalten, das ein bereits ausbezahltes Darlehen zurückzuzahlen und Zinsen zu vergüten sind. Dabei ist der pro Tag zu zahlende Zinsbetrag anzugeben. Die kreditgebenden Banken kommen ihrer Pflicht zur Aufklärung über das Widerrufsrecht nach, indem sie das gesetzlich vorgegebene Muster für ihre Vertragsklauseln verwenden.

Neben den genannten Vertragsinhalten muss der Immobiliar-Verbraucherdarlehensvertrag folgende klar und verständlich formulierte weitere Angaben enthalten (soweit sie für den Vertrag bedeutsam sind):

- die Voraussetzungen und die Berechnungsmethode für den Anspruch auf Vorfälligkeitsentschädigung, soweit der Darlehensgeber beabsichtigt, diesen Anspruch geltend zu machen, falls der Darlehensnehmer das Darlehen vorzeitig zurückzahlt, und
- die Verpflichtung des Darlehensgebers, dem Darlehensnehmer auf konkrete Anfrage unverzüglich die für die Prüfung der Möglichkeit der vorzeitigen Rückzahlung des Darlehens erforderlichen Informationen auf einem dauerhaften Datenträger zu übermitteln, wobei diese Informationen die Auskunft über die Zulässigkeit der vorzeitigen Rückzahlung, im Fall der Zulässigkeit die Höhe des zurückzuzahlenden Betrags und gegebenenfalls die Höhe einer Vorfälligkeitsentschädigung enthalten müssen.

Soweit sich die Informationen auf Annahmen stützen, müssen diese nachvollziehbar und sachlich gerechtfertigt sein und als solche dem Darlehensnehmer gegenüber offengelegt werden.

Wenn der Darlehensgeber entscheidet, den Darlehensvertrag nicht abzuschließen, muss er dies dem Darlehensnehmer unverzüglich mitteilen.

Nach Vertragsschluss muss der Darlehensgeber dem Darlehensnehmer gem. § 492 Abs. 3 BGB eine Abschrift des Vertrags zur Verfügung stellen ebenso wie einen Tilgungsplan.

Rechtsfolgen von Formmängeln

Sollte der Immobiliar-Verbraucherdarlehensvertrag nicht schriftlich, sondern z.B. ausschließlich über das Internet bzw. per E-Mail abgeschlossen worden sein, dann ist der Vertrag nach § 494 Abs. 1 BGB nichtig. Der Vertrag ist ebenfalls nichtig, wenn er nicht die vorgeschriebenen Mindestinhalte bzw. -angaben enthält. Allerdings führt die Nichtigkeit nicht etwa dazu, dass der Darlehensnehmer das ausgezahlte Darlehen nicht zurückzahlen müsste. Vielmehr wird der Darlehensvertrag gültig, jedoch mit der Maßgabe, dass sich der zugrunde gelegte Sollzinssatz – sollte die Angabe des Sollzinssatzes, des effektiven Jahreszinses oder des Gesamtbetrags fehlen – auf den gesetzlichen Zinssatz reduziert. Ist der effektive Jahreszins zu niedrig angegeben, so vermindert sich der dem Verbraucherdarlehensvertrag zugrunde gelegte Sollzinssatz um den Prozentsatz, um den der effektive Jahreszins zu niedrig angegeben ist. Nicht angegebene Kosten werden vom Darlehensnehmer nicht geschuldet. Ist im Vertrag nicht angegeben, unter welchen Voraussetzungen Kosten oder Zinsen angepasst werden können, so entfällt die Möglichkeit, diese zum Nachteil des Darlehensnehmers anzupassen. Wurden Teilzahlungen vereinbart, ist deren Höhe vom Darlehensgeber unter Berücksichtigung der verminderten Zinsen oder Kosten neu zu berechnen. Fehlen im Vertrag Angaben zur Laufzeit oder zum Kündigungsrecht, ist der Darlehensnehmer jederzeit zur Kündigung berechtigt. Fehlen Angaben zu Sicherheiten, so können Sicherheiten nicht gefordert werden.

Schließlich ist der Darlehensgeber verpflichtet, dem Darlehensnehmer eine Abschrift des Vertrags zur Verfügung zu stellen, in der die vorgenannten Vertragsänderungen berücksichtigt sind.

Widerrufsrecht
Verbraucher stehen häufig vor dem Problem, dass sie sich durch Werbeversprechen von Unternehmen davon ablenken lassen, sich vor dem Eingehen einer vertraglichen Verpflichtung eingehend mit dem Vertragswerk zu beschäftigen und dieses zu prüfen. Dabei werden Verbraucher auch nicht selten – mehr oder weniger subtil – unter Druck gesetzt, zügig zu unterschreiben. Umgekehrt gehört es zur eigenen Verantwortung eines jeden Verbrauchers, stets kritisch zu sein und nicht jedes Werbeversprechen zu glauben, selbst wenn es sich bei dem potenziellen Vertragspartner um einen (vermeintlich) seriösen Unternehmer handelt.

Einer solchen Druck- oder auch Überrumpelungssituation hat der Gesetzgeber schon vor etlichen Jahren das Widerrufsrecht für Verbraucher entgegengesetzt, wonach ein Verbraucher innerhalb einer Widerrufsfrist berechtigt ist, seine Vertragserklärung zu widerrufen – mit der Folge, dass im Fall des fristgerecht erklärten Widerrufs weder der Verbraucher noch der Unternehmer an ihre auf den Abschluss des Vertrags gerichteten Willenserklärungen gebunden sind.

Ein solches Widerrufsrecht ist auch bei Verbraucherdarlehensverträgen gesetzlich zwingend vorgeschrieben. Dabei beträgt die Widerrufsfrist grundsätzlich 14 Tage. Sie beginnt allerdings erst, wenn der Darlehensgeber dem Darlehensnehmer den Darlehensvertrag, den schriftlichen Antrag des Darlehensnehmers bzw. jeweils eine Abschrift hiervon zur Verfügung gestellt hat. Enthält der Immobiliar-Verbraucherdarlehensvertrag die Pflichtangabe zum Widerrufsrecht nicht (siehe oben „Form und notwendige Vertragsinhalte"), dann beginnt die Widerrufsfrist erst, wenn der Darlehensgeber diese Angaben nachholt. In einem solchen Fall der nachgeholten Angaben über das Widerrufsrecht beträgt die Widerrufsfrist nicht mehr nur 14 Tage, sondern einen Monat.

Bei Immobiliar-Verbraucherdarlehensverträgen ist zu beachten, dass das Widerrufsrecht spätestens zwölf Monate und 14 Tage nach dem Vertragsschluss bzw. nach Zurverfügungstellung der Antrags- bzw. Vertragsunterlagen (wenn diese nach Vertragsschluss liegt) erlischt. Zu dieser Beschränkung des Widerrufsrechts für Immobiliar-Verbraucherdarlehensverträge sah sich der deutsche Gesetzgeber gezwungen, nachdem aufgrund des nachhaltigen Absinkens des Zinsniveaus eine Vielzahl von Kreditnehmern (angestiftet von vermeintlichen Verbraucherschutzanwälten) das Widerrufsrecht missbraucht hatten, um sich günstigere Kreditkonditionen zu sichern.

Im Fall des Widerrufs sind die empfangenen Leistungen spätestens nach 30 Tagen zurückzugewähren. Dabei hat der Darlehensnehmer für den Zeitraum zwischen der Auszahlung und der Rückzahlung des Darlehens den vereinbarten Sollzins zu entrichten. Bei einem Immobiliar-Verbraucherdarlehen kann nachgewiesen werden, dass der Wert des Gebrauchsvorteils niedriger war als der vereinbarte Sollzins. In diesem Fall ist nur der niedrigere Betrag geschuldet.

Informationspflichten während des Vertragsverhältnisses
Auch nach Abschluss des Immobiliar-Verbraucherdarlehens ist der Darlehensgeber dazu verpflichtet, dem Darlehensnehmer bestimmte Informationen zur Verfügung zu stellen.

Ist der Sollzinssatz gebunden (Festzinsdarlehen) und endet die Sollzinsbindung vor der für die Rückzahlung des Darlehens bestimmten Zeit, muss der Darlehensgeber den Darlehensnehmer spätestens drei Monate vor Ende der Sollzinsbindung darüber unterrichten, ob er zu einer neuen Sollzinsbindungsabrede bereit ist und ihm den angebotenen Sollzinssatz mitteilen. Beispiel: Nimmt der Erwerber einer Vorsorgewohnung bei seiner Bank am 1. Oktober 2017 ein Darlehen mit einem Festzinssatz von 4,95 % p.a. auf und beträgt die vereinbarte Zinsbindungsfrist zehn Jahre, dann ist die Bank verpflichtet, dem Darlehensnehmer spätestens am 30. Juni 2027 darüber zu informieren, zu welchem Sollzins sie bereit ist, das Darlehen fortzusetzen.

Entsprechendes gilt auch für den Fall, dass nicht die Sollzinsbindung endet, sondern der ganze Kreditvertrag: Der Darlehensgeber ist verpflichtet, den Darlehensnehmer spätestens drei Monate vor Beendigung des Darlehensvertrags darüber zu unterrichten, ob er zur Fortführung des (genau genommen zum Abschluss eines neuen) Darlehensvertrags bereit ist, wobei der Darlehensgeber dieselben vorvertraglichen Informationen zur Verfügung zu stellen hat, wie bei einem anfänglichen Neuabschluss.

Für den Fall, dass ein variabler Sollzinssatz vereinbart wurde (der Gesetzgeber spricht von „veränderlichem“ Sollzinssatz), wird dessen Anpassung erst wirksam, nachdem der Darlehensgeber den Darlehensnehmer über den angepassten Sollzinssatz, die angepasste Höhe der Teilzahlungen und, sofern sich diese ändern, über die Zahl und die Fälligkeit der Teilzahlungen unterrichtet hat. Geht die Anpassung des Sollzinssatzes auf die Änderung eines Referenzzinssatzes zurück (z.B. EURIBOR), kann in dem Darlehensvertrag, unabhängig von den gerade beschriebenen Unterrichtungspflichten, auch ein anderer Zeitpunkt für die Wirksamkeit der Zinsanpassung vereinbart werden. Allerdings muss auch dann der Darlehensnehmer vom Darlehensgeber regelmäßig entsprechend informiert werden.

Weitere laufende Informationspflichten gibt es z.B. im Zusammenhang mit Fremdwährungsdarlehen (vgl. § 493 Abs. 4 BGB) und im Zusammenhang mit einer vorzeitigen Rückzahlung des Darlehens und einer gegebenenfalls anfallenden Vorfälligkeitsentschädigung (siehe oben „Form und notwendige Vertragsinhalte“).

Verzug des Darlehensnehmers
Es kann immer vorkommen, dass der Darlehensnehmer mit seinen Zahlungen, die er aufgrund des Immobiliar-Verbraucherdarlehensvertrags der Bank schuldet, in Verzug gerät, d.h. dass er z.B. eine Darlehensrate nicht rechtzeitig zahlt bzw. zahlen kann. Da das Datum der Zahlung der monatlichen Raten regelmäßig vertraglich fest vereinbart ist, bedarf es für den Verzug keiner Mahnung mehr durch den Darlehensgeber (s. § 286 Abs. 2 Nr. 1 BGB). Geht es nicht nur um eine oder

mehrere Monatsraten, sondern um die ganze oder teilweise Rückzahlung des Darlehensbetrags, ist für den Eintritt des Verzugs auch eine Mahnung durch den Darlehensgeber erforderlich.

Während des Verzugs ist der geschuldete Betrag aus einem Immobiliar-Verbraucherdarlehensvertrag mit 2,5 Prozentpunkten über dem Basiszinssatz zu verzinsen. Leistet also beispielsweise der Darlehensnehmer eine am 15. Oktober fällig gewordene Rate in Höhe von EUR 500 nicht, ist dieser Betrag mit 1,62 % p.a. zu verzinsen, da der Basiszinssatz (Stand: bis 30. Juni 2017) derzeit -0,88 % p.a. beträgt. Pro Tag des Verzugs fielen also für den Darlehensnehmer zusätzlich EUR 0,02 an.

Kündigungsrecht des Darlehensgebers
Das Kündigungsrecht des Darlehensgebers für einen Immobiliar-Verbraucherdarlehensvertrag, der ein Teilzahlungsdarlehen ist (also nicht endfällig), ist gesetzlich stark eingeschränkt. Da Immobiliar-Verbraucherkredite in der Regel nicht unbefristet, sondern entsprechend dem Tilgungsplan nur befristet gewährt werden, ist für den Darlehensgeber das Darlehen im Wesentlichen nur dann kündbar, wenn die folgenden Voraussetzungen vorliegen:

- der Darlehensnehmer ist mit mindestens zwei aufeinanderfolgenden Teilzahlungen ganz oder teilweise in Verzug,
- der Darlehensnehmer ist insgesamt mit mindestens 2,5 % des Nennbetrags des Darlehens in Verzug,
- der Darlehensgeber hat dem Darlehensnehmer erfolglos eine zweiwöchige Frist zur Zahlung des rückständigen Betrags mit der Erklärung gesetzt, dass er bei Nichtzahlung innerhalb der Frist die gesamte Restschuld verlangt.

Um den Verbraucher-Darlehensnehmer zu schützen und zu unterstützen schreibt der Gesetzgeber zudem vor, dass der Darlehensgeber dem Darlehensnehmer spätestens mit der Fristsetzung ein Gespräch über die Möglichkeiten einer einverständlichen Regelung anbieten soll.

Neben dem vorbeschriebenen Kündigungsrecht des Darlehensgebers, das ein gesetzlich besonders geregelter Fall der Kündigung aus wichtigem Grund ist, kann der Darlehensgeber auch ganz generell fristlos (aus wichtigem Grund) kündigen, wenn in den Vermögensverhältnissen des Darlehensnehmers oder in der Werthaltigkeit einer für das Darlehen gestellten Sicherheit eine wesentliche Verschlechterung eintritt oder einzutreten droht, durch die die Rückzahlung des Darlehens gefährdet wird, selbst unter Verwertung der Sicherheit. Der Bank muss, auch unter angemessener Berücksichtigung der berechtigten Belange des Darlehensnehmers, die Fortsetzung des Darlehensvertrags unzumutbar werden.

Dies wäre beispielsweise dann der Fall, wenn der Kunde unrichtige Angaben über seine Vermögenslage gemacht hat, die für die Entscheidung der Bank über eine Kreditgewährung oder über andere mit Risiken für die Bank verbundene Geschäfte (z.B. Aushändigung einer Zahlungskarte) von erheblicher Bedeutung waren.

Kündigungsrecht des Darlehensnehmers
Beim Immobiliar-Verbraucherdarlehen ist auch das Kündigungsrecht des Darlehensnehmers eingeschränkt. Zwar kann er seine Verbindlichkeiten aus dem Darlehensvertrag jederzeit ganz oder teilweise vorzeitig erfüllen. Soweit jedoch – wie üblich – ein gebundener (fester) Sollzinssatz vereinbart wurde, kann der Darlehensnehmer im Zeitraum der Sollzinsbindung seine Verbindlichkeiten nur dann ganz oder teilweise vorzeitig erfüllen, wenn hierfür ein berechtigtes Interesse des Darlehensnehmers besteht. Wurde ein variabler Zins vereinbart, kann der Darlehensnehmer das Darlehen jederzeit ganz oder teilweise zurückzahlen.

Ein solches berechtigtes Interesse wird z.B. regelmäßig dann angenommen, wenn aufgrund von Scheidung, Arbeitslosigkeit, Krankheit oder Tod der Verkauf der finanzierten bzw. als Sicherheit dienenden Immobilie erforderlich wird.

Kostenermäßigung
Soweit der Darlehensnehmer seine Verbindlichkeiten vorzeitig erfüllt oder die Restschuld vor der vereinbarten Zeit durch Kündigung fällig wird, vermindern sich die Gesamtkosten um die Zinsen und sonstigen laufzeitabhängigen Kosten, die bei gestaffelter Berechnung auf die Zeit nach der Fälligkeit oder Erfüllung entfallen. Dies bedeutet im Ergebnis, dass die Bank nach Vornahme z.B. einer zulässigen Sondertilgung verpflichtet ist, den ursprünglichen Tilgungsplan zu überarbeiten, sodass mit den der Sondertilgung folgenden Raten der Zinsanteil gegenüber den ursprünglich ausgewiesenen Raten entsprechend höher ausfällt.

Vorfälligkeitsentschädigung
Soweit – wie bei Immobiliar-Verbraucherkreditverträgen üblich – ein fester Zinssatz vereinbart wurde, kann der Darlehensgeber vom Darlehensnehmer gem. § 502 BGB eine angemessene Vorfälligkeitsentschädigung verlangen, wenn und soweit der Darlehensnehmer sein Darlehen vorzeitig zurückzahlt. Bei variabel verzinslichen Darlehen ist das Erheben einer Vorfälligkeitsentschädigung ausgeschlossen.

Der Anspruch auf Vorfälligkeitsentschädigung ist ebenfalls ausgeschlossen, wenn die Rückzahlung aus den Mitteln einer Versicherung bewirkt wird, die aufgrund einer entsprechenden Verpflichtung im Darlehensvertrag abgeschlossen wurde, um die Rückzahlung zu sichern. Gleiches gilt für den Fall, dass im Darlehensvertrag die Angaben über die Laufzeit des Vertrags, das Kündigungsrecht des Darlehensnehmers oder die Berechnung der Vorfälligkeitsentschädigung unzureichend sind.

Nach einer aktuellen Entscheidung des Bundesgerichtshofs ist die Geltendmachung einer Vorfälligkeitsentschädigung auch dann unzulässig, wenn die vorzeitige Rückzahlung nicht durch den Darlehensnehmer initiiert wurde, sondern durch den Darlehensgeber, also die Bank. Dies ist besonders bedeutsam für die Fälle, in denen die Bank dem Darlehensnehmer aus eigener Initiative kündigt, z.B. aufgrund eines Zahlungsverzugs. Die Bank kann in einem solchen Fall neben dem Verzugsschaden (2,5 Prozentpunkte über dem Basiszinssatz) keine weitere Vorfälligkeitsentschädigung verlangen.

Pflicht zur Kreditwürdigkeitsprüfung

Jeder Darlehensgeber – egal ob Kreditinstitut oder sonstiges Unternehmen – hat vor Abschluss eines Verbraucherdarlehensvertrags die Kreditwürdigkeit des Darlehensnehmers zu prüfen. Ein Immobiliar-Verbraucherdarlehensvertrag darf nur abgeschlossen werden, wenn aus der Kreditwürdigkeitsprüfung hervorgeht, dass es wahrscheinlich ist, dass der Darlehensnehmer seinen Verpflichtungen, die im Zusammenhang mit dem Darlehensvertrag stehen, vertragsgemäß nachkommen wird. Eine Kreditwürdigkeitsprüfung ist dann erneut und auf aktualisierter Grundlage durchzuführen, wenn der Nettodarlehensbetrag deutlich erhöht wird (es sei denn, der Erhöhungsbetrag wurde bereits in die ursprüngliche Kreditwürdigkeitsprüfung miteinbezogen).

Nach § 505b Abs. 2 BGB hat der Darlehensgeber die Kreditwürdigkeit des Darlehensnehmers auf der Grundlage notwendiger, ausreichender und angemessener Informationen zu Einkommen, Ausgaben sowie anderen finanziellen und wirtschaftlichen Umständen eingehend zu prüfen. Dabei hat der Darlehensgeber diejenigen Faktoren angemessen zu berücksichtigen, die für die Einschätzung relevant sind, ob der Darlehensnehmer seinen Verpflichtungen aus dem Darlehensvertrag voraussichtlich nachkommen kann. Besonders wichtig zu wissen ist, dass die Kreditwürdigkeitsprüfung nicht hauptsächlich darauf gestützt werden darf, dass der Wert des Grundstücks bzw. der Wohnung, die als Sicherheit dient bzw. die erworben werden soll, voraussichtlich zunimmt oder den Darlehensbetrag übersteigt.

Für die Kreditwürdigkeitsprüfung muss sich der Darlehensgeber einschlägiger interner oder externer Quellen bedienen. Beantragt der Darlehensnehmer den Kredit zum Erwerb seiner Vorsorgewohnung bei seiner Hausbank, kann und muss diese bei ihrer Kreditwürdigkeitsprüfung auch das bisherige Zahlungs- und Tilgungsverhalten ihres Kunden berücksichtigen.

Eine wesentliche Quelle für die Kreditwürdigkeitsprüfung sind sicherlich die Auskünfte, die der Kunde der Bank bzw. einem Kreditvermittler erteilt hat. Dabei darf die Bank sich nicht allein auf die Auskünfte verlassen, sondern ist verpflichtet, die Informationen in angemessener Weise zu überprüfen, wenn nötig auch durch Einsichtnahme in unabhängig nachprüfbare Unterlagen.

Der Vollständigkeit halber sei darauf hingewiesen, dass bei Immobiliar-Verbraucherdarlehensverträgen der Darlehensgeber verpflichtet ist, die Verfahren und Angaben, auf die sich die Kreditwürdigkeitsprüfung stützt, festzulegen, zu dokumentieren und die Dokumentation aufzubewahren.

Nach § 505c BGB müssen Darlehensgeber, die grundpfandrechtlich besicherte Immobiliar-Verbraucherdarlehen vergeben, bei der Bewertung von Wohnimmobilien zuverlässige

Standards anwenden und sicherstellen, dass interne und externe Gutachter, die Immobilienbewertungen für sie vornehmen, fachlich kompetent und so unabhängig vom Darlehensvergabeprozess sind, dass sie eine objektive Bewertung vornehmen können. Schließlich müssen Bewertungen von Immobilien, die als Sicherheit für Immobiliar-Verbraucherdarlehen dienen, auf einem dauerhaften Datenträger dokumentiert und aufbewahrt werden.

Verstößt der Darlehensgeber gegen die Pflicht zur Kreditwürdigkeitsprüfung, so ermäßigt sich der vertraglich vereinbarte Festzinssatz auf den marktüblichen Zinssatz am Kapitalmarkt für Anlagen in Hypothekenpfandbriefe und öffentliche Pfandbriefe, wobei deren Laufzeit der Laufzeit des Immobiliar-Verbraucherdarlehens entsprechen muss. Ein variabler Zinssatz reduziert sich auf den marktüblichen Zinssatz, zu dem europäische Banken einander Anleihen in Euro mit einer Laufzeit von drei Monaten gewähren. Weiterhin kann der Darlehensnehmer den Darlehensvertrag jederzeit fristlos kündigen, ohne dass ein Anspruch des Darlehensgebers auf Vorfälligkeitsentschädigung besteht. Kündigt der Darlehensnehmer trotz fehlender Kreditwürdigkeitsprüfung den Darlehensvertrag nicht, muss ihm der Darlehensgeber eine Abschrift des Vertrags zur Verfügung stellen, aus dem sich die neuen Konditionen ergeben.

Eine Anpassung des Darlehensvertrags aufgrund eines Verstoßes gegen die Pflicht zur Kreditwürdigkeitsprüfung erfolgt allerdings nur dann, wenn bei einer ordnungsgemäßen Kreditwürdigkeitsprüfung der (ursprüngliche) Darlehensvertrag nicht hätte abgeschlossen werden dürfen.

Kommt es trotz Verletzung gegen die Pflicht zur Prüfung der Kreditwürdigkeit zum Vertragsabschluss und kann der Darlehensnehmer seine Pflichten aus dem Darlehensvertrag nicht erfüllen, kann der Darlehensgeber (die Bank) keine Ansprüche gegen den Darlehensnehmer geltend machen, wenn eine ordnungsgemäße Kreditwürdigkeitsprüfung dazu geführt hätte, dass der Darlehensvertrag nicht hätte geschlossen werden dürfen.

Die vorbeschriebenen Folgen eines Verstoßes gegen die Pflicht zur Kreditwürdigkeitsprüfung treten nicht ein, wenn der Mangel der Kreditwürdigkeitsprüfung darauf beruht, dass der Darlehensnehmer dem Darlehensgeber vorsätzlich oder grob fahrlässig erforderliche Informationen unrichtig erteilt oder vorenthalten hat.

Beratungsleistungen bei Immobiliar-Verbraucherdarlehensverträgen
Ähnlich wie im Fall der Anlageberatung kommt zwischen einer Bank (Darlehensgeber) und einem Verbraucher, der an einem Darlehensvertrag interessiert ist, regelmäßig ein Beratungsvertrag zustande, sei es ausdrücklich oder konkludent. Ein solcher Beratungs- bzw. Auskunftsvertrag kommt bereits dann zustande, wenn die Bank auf Bitte des Verbrauchers oder auch von sich aus in eine Beratung eintritt, selbst wenn sie hierfür kein Entgelt oder Honorar verlangt. Wendet sich allerdings ein Verbraucher mit einem bestimmten Darlehenswunsch an eine Bank und geht diese darauf ein (ohne weitere Beratungsleistungen zu erbringen), so kommt kein Beratungs-

vertrag zustande. Der Darlehensgeber übernimmt mit dem Abschluss des Beratungsvertrags die Verpflichtung, eine individuelle Empfehlung für den Darlehensnehmer auszusprechen, und zwar unabhängig davon, ob am Ende ein Darlehensvertrag auch zustande kommt. Insofern unterscheidet sich die Pflicht zur individuellen Empfehlung von den vorvertraglichen Informations- und Erläuterungspflichten.

Die Beratungspflichten der Bank bzw. des Darlehensgebers sind dreistufig gestaltet. Einer Informationspflicht folgt die Explorations- und Prüfungspflicht, die schließlich in der Empfehlungspflicht mündet.

Zunächst muss der Verbraucher darüber aufgeklärt werden, ob für die Beratung ein Entgelt verlangt wird bzw. wonach es berechnet wird. Außerdem muss der Verbraucher darüber aufgeklärt werden, ob sich die Beratung nur oder im Wesentlichen auf eigene Kreditprodukte des Darlehensgebers bezieht oder auch auf eine größere Anzahl fremder Kreditprodukte. Darüber hinaus muss der Verbraucher – vergleichbar mit der Anlageberatung – richtig und vollständig über alle Umstände aufgeklärt werden, die für seine Entscheidung, einen Kreditvertrag abzuschließen, von wesentlicher Bedeutung sein können bzw. sind.

Der individuellen Empfehlung muss zunächst eine Exploration des Verbrauchers vorangehen. Dabei muss erfragt werden, welches die Motive, die Höhe und die Dauer des Kreditbedarfs sind, ebenso die persönlichen und wirtschaftlichen Verhältnisse, Präferenzen und Ziele. Ebenso sind natürlich der Verwendungszweck und die möglichen Sicherheiten aufzuklären. Weiterhin sind die persönlichen Verhältnisse des Verbrauchers zu erkunden, wie z.B. Alter, Geschlecht, Familienstand, Unterhaltspflichten, Bildungsabschlüsse, Beruf und gegebenenfalls Lebensplanung. Besonders wichtig sind auch etwaige bisherige Kenntnisse sowie vorangegangene Finanzierungserfahrungen, da diese für das Verständnis des Verbrauchers für die verschiedenen Finanzierungsmöglichkeiten von erheblicher Bedeutung sind bzw. sein können.

Auf der Grundlage der Kundenexploration (einschließlich der Kreditwürdigkeitsprüfung) muss dann die Bank eine ausreichende Anzahl von Darlehensverträgen aus der eigenen Produktpalette und gegebenenfalls aus der Produktpalette Dritter auf ihre Eignung speziell für den Bedarf des Kunden prüfen und ihm unter Erläuterung der Vor- und Nachteile vorstellen. Die mit den Finanzierungsprodukten verbundenen Risiken sind sodann abzuschätzen und zu gewichten.

Die Empfehlung schließlich muss auf der Grundlage realistischer – nicht unbedingt konservativer – Prognosen zu Risiken während der gesamten Darlehenslaufzeit, ebenso wie bei einer Anlageberatung, im besten Interesse des Darlehensnehmers kunden- und objektbezogen erfolgen. Die Empfehlung muss – zumindest aus Sicht zum Zeitpunkt der Empfehlung – vertretbar sein. Sollte es für den Kreditwunsch des Verbrauchers unter den konkreten Umständen kein Produkt geben, darf auch keine Empfehlung erfolgen.

Die Empfehlung soll die Bank dem Verbraucher auf einem dauerhaften Datenträger zur Verfügung stellen, damit dieser sie in Ruhe prüfen kann.

Verletzt die Bank eine der vorgenannten Pflichten, hat sie dem Verbraucher Schadenersatz zu leisten. Dies bedeutet entweder – für den Fall, dass der Darlehensnehmer mit dem Darlehensgeber überhaupt keinen Darlehensvertrag abgeschlossen hätte – dass der Darlehensvertrag rückabgewickelt werden und der Darlehensgeber dem Darlehensnehmer alle Kosten und Mehraufwendungen ersetzen muss oder – für den Fall, dass der Darlehensnehmer einen anderen Darlehensvertrag abgeschlossen hätte – dass der Darlehensgeber dem Darlehensnehmer den Differenzschaden ersetzen muss. Eine Beratungspflichtverletzung des Darlehensgebers führt allerdings nicht zur Nichtigkeit des abgeschlossenen Darlehensvertrags.

Abweichende Vereinbarungen
Von den gesetzlichen Vorschriften zum Verbraucherdarlehensvertrag darf – soweit nicht etwas anderes gesetzlich bestimmt ist – nicht zum Nachteil des Verbrauchers abgewichen werden. Die Vorschriften zum Verbraucherdarlehensvertrag finden auch Anwendung, wenn sie durch anderweitige Gestaltungen umgangen werden.

MAY & NIELSEN
Bauprojekt mit rund 80 Wohneinheiten in Berlin,
Bezirk Pankow, Ortsteil Weißensee (Baubeginn 2017)
may-nielsen.de

KAPITEL **SECHS**

Dieses Kapitel verdeutlicht die Rolle eines Maklers im Rahmen des Immobilienerwerbs. Darüber hinaus werden wichtige Fragen zur Vergütung des Maklers und die relevanten Schritte von der Reservierung bis zum Kauf der Vorsorgewohnung erklärt.

6. RESERVIERUNG/MAKLER

Den Markt zu erkunden, Prospekte zu sichten und an Beratungsgesprächen teilzunehmen hilft sicherlich, das Objekt der Begierde „einzukreisen". Dennoch fällt die Entscheidung für eine konkrete Immobilie oft nicht leicht. Hat man sich einmal entschieden, ist es bis zur Beurkundung noch ein weiter Weg. Der Erwerber möchte sichergehen, dass er das ausgesuchte Objekt auch bekommt. Der Verkäufer wiederum möchte nicht Gefahr laufen, dass sich der Käufer bis zum Zeitpunkt des Abschlusses „nach Belieben" umentscheiden kann – schließlich hat er im Falle einer Absage im Hinblick auf eine anderweitige Veräußerung wertvolle Zeit verloren. Häufig genug werden auch schon Planungsleistungen erbracht, die beim Abspringen des Kunden auf Seiten des Verkäufers bereits Kosten ausgelöst haben.

6.1. Was ist eine Reservierung?

Um beiden potenziellen Vertragsparteien und deren Interessen gleichermaßen gerecht zu werden, kommt es häufig zum Abschluss einer Reservierungsvereinbarung. Darunter versteht man die Verpflichtung, das Objekt gegen eine Gebühr ohne Vorbehalt für den Erwerber zu reservieren, es keinem weiteren Interessenten anzubieten oder jedenfalls dem Reservierenden Vorrang einzuräumen. Das kann im Selbstvertrieb durch den Verkäufer direkt geschehen, ist aber auch bei Einbindung eines Maklers nicht unüblich.

Abwicklung

Der Umgang mit der Reservierungsgebühr gestaltet sich in der Praxis folgendermaßen: Kommt es zu einer Beurkundung, erfolgt keine Verrechnung mit den ausstehenden Kaufpreisraten des Käufers. Stattdessen zahlt der Verkäufer – sofern er seriös ist – diesen Betrag in selber Höhe an den Käufer zurück und lässt damit die Reservierungsbindung bei der Abwicklung des Kaufvertrags außen vor. Kommt es im Anschluss nicht zu einer Beurkundung, erfolgt eine Rückzahlung des gezahlten Betrages abzüglich des Schadens bzw. des Aufwandes des Verkäufers, der durch die Freihaltung des Objekts für den Käufer bzw. durch die Maßnahmen in Erwartung des Verkaufs entstanden ist.

Zulässigkeit

Für Grundstücksgeschäfte gilt: Die Regelung, mit der eine Reservierung zwischen den Parteien als vereinbart gilt, verstößt – soweit sie den Verkäufer zu binden vermag – als schuldrechtliches Veräußerungsverbot nicht gegen § 311b BGB und führt daher zunächst nicht zur Notwendigkeit der notariellen Beurkundung der Vereinbarung.

Eine Beurkundungspflicht kann sich aber dann ergeben, wenn die Reservierungsgebühr so hoch ist, dass dadurch Druck auf den Erwerber ausgeübt wird, den Betrag nicht fallen zu lassen. Diese mittelbare Bindung genügt zur Anwendung des § 311 BGB und damit zur Auslösung der Beurkundungspflicht. Der Bundesgerichtshof sah eine solche Drucksituation bei der Vereinbarung einer Reservierungsgebühr in Höhe von 10 % des Kaufpreises.

M. Fesselmann, R. Kobabe, K. Schwenzfeier, U. Siegemund, *Vorsorgewohnen in Deutschland*,
https://doi.org/10.1007/978-3-658-21288-9_6

Abschlusszwang?
Es besteht keine Verpflichtung zum Abschluss einer Reservierungsvereinbarung im Falle eines Kaufvertrags. Allerdings kann zwischen der Entscheidung für eine Wohnung und der Beurkundung des Kaufvertrags einige Zeit vergehen. Dies ergibt sich schon aus der gesetzlichen Vorschrift, dass einem Verbraucher vor Abschluss eines Kaufvertrags über Grundeigentum dessen Inhalt mindestens 14 Tage vor Kaufvertragsschluss bekannt gewesen sein soll (§ 17 Abs. 2a BeurkG). Um also die Zeitspanne zwischen Auswahl und tatsächlicher Beurkundung abzusichern und die Gefahr zu dämmen, dass das Objekt der Begierde anderweitig veräußert wird, kann sich der Abschluss einer Reservierungsvereinbarung anbieten. Ungeachtet dessen bestimmt in der Praxis letztlich die Marktsituation die Vorgehensweise. Wenn der Verkäufer des mühsam gesuchten und sorgfältig ausgewählten Traumobjekts nur mit einer Reservierungsvereinbarung arbeitet, wird der Interessent rein tatsächlich nicht umhinkommen, über den Abschluss der Reservierungsvereinbarung nachzudenken.

6.2. Was, wenn ein Makler eingeschaltet ist?

Maklervertrag
Von einer Reservierungsvereinbarung zu unterscheiden ist ein Maklervertrag, obgleich es Konstellationen geben kann, in denen dem potenziellen Erwerber in beiden Fällen ein und derselbe Makler als Vertragspartner gegenübertritt.

Abschlusszwang?
Für den Erwerber ist es wichtig, zu wissen, dass durch den Abschluss des Maklervertrags allein noch keine Verpflichtung zum Abschluss des Hauptvertrags, in den genannten Fällen zum Abschluss des Kaufvertrags über eine Wohnung, einhergeht. Grundsätzlich herrscht bei Abschluss eines Maklervertrags Formfreiheit, es gibt kein Schriftformerfordernis. Ausnahmsweise ist die notarielle Form erforderlich, und zwar bei sogenannten Verpflichtungssituationen bzw. Drucksituationen. Eine Verpflichtungssituation entsteht dann, wenn der Maklervertrag selbst eine Verpflichtung zur Veräußerung oder zum Erwerb eines Grundstücks bereits enthält. Von einer Drucksituation spricht man, wenn einzelne Bestimmungen des Maklervertrags indirekt einen Druck zum Erwerb oder Verkauf ausüben, weil die Zahlung einer unüblich hohen Provision auch bei Nichtzustandekommen des Hauptvertrags geschuldet wird. Die Grundsätze sind dieselben wie bei der Reservierungsvereinbarung.

Gesetzliche Vorgaben
Lediglich vier Paragraphen im BGB sind diesem Vertragstypus gewidmet. Überwiegend handelt es sich beim sogenannten Maklerrecht um einzelfallbezogenes Richterrecht. Durch einen Maklervertrag verpflichtet sich der Auftraggeber, dem Makler eine vereinbarte Vergütung zu bezahlen, wenn er in Folge eines Nachweises oder der Vermittlung des Maklers einen Kaufvertrag mit einem Dritten schließt. Ein Provisionsanspruch des Maklers setzt also immer voraus:

1) das Vorliegen eines Maklervertrags,
2) eine Maklerleistung, die in einem Nachweis oder einer Vermittlungsleistung besteht,
3) den Abschluss des Hauptvertrags sowie
4) einen Kausalzusammenhang zwischen Maklerleistung und Hauptvertrag

Nachweismakler
Der Regelfall ist die Vereinbarung einer Provision für den Nachweis einer Gelegenheit zum Abschluss eines Kaufvertrags (sogenannter Nachweismakler). Darunter versteht man die Verschaffung der Kenntnis für konkrete Vertragsverhandlungen bzw. über die Abschlussmöglichkeit und den Vertragsabschluss. Dies erfordert grundsätzlich auch eine Benennung des Verfügungsberechtigten (d.h. des avisierten Vertragspartners), eine reine Objektbenennung reicht nicht aus.

Vermittlungsmakler
Ein Vermittlungsmakler erhält demgegenüber eine Provision für die Vermittlung eines Kaufvertrags, wobei dieser Fall der Maklerleistung die Ausnahme bildet. Unter einer Vermittlung versteht man die bewusste, finale Herbeiführung oder Förderung der Abschlussbereitschaft des Vertragspartners des (zukünftigen) Hauptvertrags. Grundsätzlich reicht hierfür die Bereitstellung eines Exposés oder die Ermöglichung eines Besichtigungstermins nicht aus, allerdings sind auch hier die Umstände des Einzelfalls entscheidend.

Zustandekommen des Maklervertrags
Ein Maklervertrag kommt durch Angebot und Annahme zustande und unterscheidet sich insofern in keiner Weise von sonstigen Vertragsabschlüssen. Es besteht, wie bereits gesagt, grundsätzlich kein Formerfordernis. Dies führt dazu, dass der Maklervertrag schon durch das rechtswirksame Angebot einer Maklerleistung in einem Exposé oder einer Annonce (durch Übersendung per E-Mail beispielsweise) und der (rein faktischen) Wahrnehmung der dargebotenen Gelegenheit zum Vertragsschluss durch den Kaufinteressenten zustande kommen und die Provisionspflicht ausgelöst werden kann. Will der Makler jedoch hieraus einen Provisionsanspruch generieren, muss er zuvor deutlich auf das Provisionsverlangen hingewiesen haben. Der unerfahrene Kaufinteressent ist stets gut beraten, sich die gegenläufigen Interessenlagen von Makler und Kunde zu verdeutlichen: Während das Provisionsinteresse des Maklers dazu führt, dass dieser die Schwelle zum Vertragsschluss so niedrig wie möglich anzusetzen versucht, möchte der Kaufinteressent, um den lästigen Anspruch abzuwehren, später oft nichts mehr von einer Bindung an den Makler wissen. Es entspricht daher den Regeln moderner Vermarktungsstrategie, die Provisionsforderung nicht allzu deutlich in den Vordergrund zu rücken. Daraus folgende Unklarheiten gehen allerdings zu Lasten des Maklers, d.h. im Streitfall ist der Makler für den Vertragsschluss darlegungs- und beweisbelastet. Denn es ist Sache des Maklers, für klare Verhältnisse zu sorgen.

Das bloße Betrachten öffentlicher Aushänge etc. führt allerdings nicht gleich zu einem wirksamen Maklervertrag. Ein an die Öffentlichkeit gerichtetes Inserat, werbende Objektbeschreibungen im Internet (Internet und Zeitungsannonce stehen heutzutage einander gleich) oder die Anpreisung eines Objektes durch Aushang im Geschäftslokal sind nicht individuell adressiert, können also kein rechtswirksames Angebot sein. Aus Gründen des Verkehrsschutzes stellt die Rechtsprechung besonders hohe Anforderungen an die Tatsachen, die gegeben sein müssen, um zur Annahme eines stillschweigenden Vertragsschlusses zwischen Makler und Kaufinteressenten zu gelangen. Es ist daher stets eine Frage des Einzelfalls und kann mitunter schwer zu klären sein, ob und wenn ja unter welchen Bedingungen ein Maklervertrag zustande gekommen ist, wenn keine ausdrückliche Vereinbarung getroffen wurde.

Kein Vertragsschluss liegt vor, wenn der Kunde, ohne Bezugnahme auf ein Inserat oder sonstiges Einzelangebot des Maklers, selbst Kontakt zu diesem aufnimmt, um sich Objekte aus dessen Bestand benennen zu lassen. Ein Vertragsschluss liegt jedoch vor, wenn sich der Kunde an einen Makler wendet mit der Bitte, Dienste im Sinne eines umfassenden Suchauftrages zu erhalten. Entscheidend ist dabei, dass der Kunde seinen Auftrag nicht auf Objekte aus dem vorhandenen Bestand beschränkt, sondern die Suche „auf dem Markt" anhand eines konkreten persönlichen Suchprofils beauftragt.

Stets im Hinterkopf zu behalten ist darüber hinaus, dass eine Vereinbarung mit einem Makler grundsätzlich unbefristet ist und daher, auch ohne dass es dem Kaufinteressenten bewusst ist, weiter Wirkung entfaltet. Der Maklervertrag muss vom Kunden daher widerrufen (gekündigt) werden. Andernfalls besteht die Gefahr, erneut oder sozusagen „versehentlich" Provisionsansprüche auszulösen.

Nicht ausgeschlossen ist in der heutigen Zeit, dass auf eine Internetanzeige des Maklers per E-Mail, Telefax und/oder Telefon ein Maklervertragsschluss folgt, beispielsweise durch Versand eines Exposés und Angabe einer Maklerprovision. Handelt es sich bei dem Erwerber um einen Verbraucher, handelt er also rein privat, ist in diesen Fällen ein sogenanntes Fernabsatzgeschäft zustande gekommen. Das Gesetz sieht für derlei Geschäfte eine Widerrufsmöglichkeit des Verbrauchers binnen einer Frist von 14 Tagen vor, auf die der Makler auch hinweisen muss. Tut er dies nicht, verlängert sich die Widerrufsfrist um ein Jahr.

Vorsicht ist jedoch hinsichtlich der Provisionszahlung geboten: Diese sollte nicht vor dem Widerruf erfolgen. Andernfalls kann der Vertrag schon als vollständig erfüllt gelten und das Widerrufsrecht kann als durch die Zahlung erloschen angesehen werden — mit der Folge, dass der Maklervertrag gilt!

Darüber hinaus ist auf folgende „Spitzfindigkeit" hinzuweisen: Der Makler kann trotz eines Widerrufs innerhalb der Widerrufsfrist vor oder ohne Zahlung der Provision vom Kaufinteressenten Geld verlangen, wenn im Maklervertrag vereinbart wurde, dass der Makler schon vor Ablauf der Widerrufsfrist tätig werden soll. In diesem Fall hätte der Kaufinteressent dem Makler trotz Widerruf jedenfalls Ersatz für die bereits erbrachten Dienstleistungen zu zahlen.

Hauptvertrag

Um einen Provisionsanspruch zu begründen, bedarf es des Abschlusses eines Hauptvertrags, der Immobilienkaufvertrag muss also in notarieller Form geschlossen worden sein. Grundsätzlich gilt, dass die Partei des Maklervertrags zugleich die Partei des Hauptvertrags sein muss (persönliche Kongruenz). Der vermeintlich schlaue Erwerber kommt jetzt vielleicht auf die Idee, den Maklervertrag selbst abzuschließen und seine Frau Partei des Immobilienkaufvertrags werden zu lassen. Dieser Versuch wird ihn nicht weit bringen. Unter Umständen wird auch bei Personenverschiedenheit die persönliche Kongruenz angenommen. Dies betrifft Fälle, in denen der Maklerkunde unter Verstoß gegen Treu und Glauben versucht, die Provisionspflicht zu umgehen, indem er sich darauf beruft, der ursprünglich erstrebte Vertrag sei nicht von ihm, sondern von einem Dritten (hier seiner Frau) abgeschlossen worden. In der Rechtsprechung haben sich verschiedene Fallgruppen herausgebildet, bei denen diese Voraussetzung als erfüllt angesehen wird. Hauptfall soll die besonders enge persönliche Beziehung sein, wie sie zu nahen Familienangehörigen, zu Lebensgefährten/Lebenspartnern oder Arbeitskollegen bzw. zu einem Mitglied einer späteren Wohngemeinschaft bestehen kann. Bejaht wird die persönliche Kongruenz aber auch beim Vorliegen einer besonders ausgeprägten wirtschaftlichen oder rechtlichen Beziehung zwischen Maklerkunden und dem Dritten (in dem hier gewählten Beispiel kauft nicht die Frau, sondern der Mitgesellschafter). So lässt beispielsweise der Erwerb des Objekts durch eine andere GmbH als diejenige, die den Maklervertrag abgeschlossen hat, den Provisionsanspruch nicht entfallen, wenn diese von denselben Gesellschaftern mit denselben Gesellschaftsanteilen später gegründet wurde.

Darüber hinaus müssen entweder der Inhalt der Vermittlung oder des Nachweises mit dem Inhalt des Hauptvertrags übereinstimmen. Eine inhaltliche Abweichung ist jedoch dann unproblematisch und lässt den Maklеranspruch nicht entfallen, wenn der Maklerkunde mit dem abgeschlossenen Hauptvertrag denselben wirtschaftlichen Erfolg erzielt. Hier kann es zum einen um die Gleichartigkeit des Vertragsgegenstandes (nicht das nachgewiesene Grundstück, sondern sämtliche Geschäftsanteile der Eigentümerin werden gekauft), um die Gleichartigkeit der Gegenleistung (nicht anzunehmen, wenn der Kaufpreis um über 15 % des ursprünglich vereinbarten abweicht) oder um die Gleichartigkeit der Vertragsart (nicht gegeben, wenn statt eines Kaufvertrags ein Mietvertrag geschlossen wird) gehen.

Kausalzusammenhang

Letztlich muss die Tätigkeit des Maklers für das Zustandekommen des Hauptvertrags in irgendeiner Weise mit ursächlich gewesen sein. Daran kann gezweifelt werden, wenn zwischen der Maklertätigkeit und dem Abschluss des Kaufvertrags erhebliche Zeit vergangen ist oder wenn feststeht, dass der spätere Erwerber des Grundstücks über die Person des Verkäufers und das Verkaufsobjekt bereits Vorkenntnisse hatte.

Höhe der Vergütung

Ein Makler wird in aller Regel nicht nach dem Ausmaß seiner Bemühungen, sondern nach dem „Wert" des angestrebten Hauptvertrags entlohnt. Es ist bei der vertraglichen Gestaltung der Provisionshöhe daher üblich, einen Prozentsatz der im Hauptvertrag vorgesehenen Geldleistung, sprich dem Kaufpreis, zu vereinbaren. Es ist ebenso üblich, die Mehrwertsteuer als Teil des Kaufpreises anzusehen und daher in die Berechnung der Maklerprovision einzubeziehen. Anders als bei gewerblichen Gestaltungen können beim privaten Kauf einer Wohnung etwaige übernommene Verbindlichkeiten, die bereits auf dem Miteigentumsanteil lasten, mit provisionserhöhender Wirkung auf den Kaufpreis aufgeschlagen werden. Daran wird deutlich, dass die Vergütung eines Maklers schnell Beträge erreichen kann, die bei einer vor dem Kauf nur überschlägig durchgeführten Berechnung der zu erwartenden Maklerkosten nicht erwartet wurden.

Andere Vergütungsformen (beispielsweise die Vereinbarung eines Festpreises) sind unüblich und in der Regel nicht anzutreffen.

Es gilt jedoch stets zu beachten, dass eine vereinbarte Provision erfolgsabhängig zu sein hat. Klauseln, die so ausgestaltet sind, dass eine verschleierte, erfolgsunabhängige Provision fällig wird, sind unwirksam. Es gilt daher, insbesondere die Klauseln des Maklervertrags zur Vergütung des Maklers genau zu lesen und zu verstehen.

Im Gegensatz zur Vermittlung von mietbarem Wohnraum (vgl. § 3 WoVermRG) gibt es für die Vermittlung von Wohnungseigentum darüber hinaus keine gesetzlich vorgesehene Höchstgrenze der Maklerprovision. Die Provisionshöhe kann daher zwischen den Parteien grundsätzlich völlig frei vereinbart werden und wird nur durch die verfassungsrechtliche Vorgabe einer Wuchergrenze (vgl. § 138 Abs. 2 BGB) begrenzt. Diese wird jedoch, mit Ausnahme eklatanter Einzelfälle, in aller Regel nicht erreicht werden.

Eine übliche Provision liegt bei einem Prozentsatz zwischen 3 % und 6 % des Kaufpreises, zuzüglich, wie oben bereits ausgeführt, MwSt. und des Betrags etwaig übernommener Verbindlichkeiten. Es wird so deutlich, dass die Maklerkosten die Nebenkosten des Wohnungskaufs deutlich erhöhen können und insbesondere auch im Rahmen der Finanzierungsplanung stets berücksichtigt werden müssen.

Risiko Vertraulichkeit

Für den Maklerkunden kann es zudem wichtig sein, dass ihn gegenüber dem Makler nicht nur Zahlungsverpflichtungen treffen. Vielmehr ist der Maklerkunde aus dem Maklervertrag auch verpflichtet, jegliche Informationen, die der Makler zur Verfügung gestellt hat, vertraulich zu behandeln und nicht an Dritte weiterzugeben. Dazu gehören insbesondere Informationen über das Objekt, jedoch auch Informationen über den möglichen Vertragspartner oder Einzelheiten zu den Regelungen des abzuschließenden Vertrags. So sind in Maklerverträgen Klauseln wirksam, die versuchen, das Geheimhaltungsinteresse des Maklers zu schützen. Es handelt sich um

Klauseln, die den Kaufinteressenten verpflichten, die Informationen des Maklers vertraulich zu behandeln und nicht an Dritte weiterzugeben oder Klauseln, nach denen der Maklerkunde, der vertrauliche Informationen weitergibt, selbst provisionspflichtig wird, auch und gerade wenn ein Dritter den Hauptvertrag abschließt.

Folge einer vom Makler nicht autorisierten (am besten schriftlichen) Weitergabe von Informationen kann die Schadenersatzpflicht sein. Es ist also möglich, dass der Makler seinen durch die Weitergabe der Information an Dritte erlittenen Schaden – die entgangene Provision – vom Maklerkunden im Wege des Schadenersatzes erhält. In diesem Fall hätte der Kunde keinen Vertrag und damit auch kein Eigentum als Gegenleistung erhalten, wäre aber trotzdem verpflichtet, dem Makler einen Betrag in Höhe der Provision zu überweisen! Der vertrauliche Umgang mit den vom Makler erhaltenen Informationen ist also von höchster Bedeutung.

GERVIN & WILMERS
Neubauprojekt mit rund 80 Wohn- und Gewerbeeinheiten in Berlin,
Bezirk Charlottenburg-Wilmersdorf,
Ortsteil Charlottenburg (Fertigstellung 2017)
gervin-wilmers.de

KAPITEL
SIEBEN

Das folgende Kapitel beschäftigt sich mit dem eigentlichen Kauf und den hierbei beteiligten Parteien. Die Verfasser erklären zudem die verschiedenen Abteilungen des Grundbuchs. Abschließend werden anhand praktischer Beispiele die gängigen Sonderfälle wie beispielsweise der Bauträgervertrag erläutert – und was man als Käufer in der Praxis berücksichtigen sollte.

7. KAUFVERTRAG

Der eigentliche Kauf der Wohnung ist wahrscheinlich das bedeutendste Geschäft der ganzen Prozedur. Dies macht sich sicherlich auch insofern spürbar, als bei diesem Vorgang eine große Investition getätigt wird, für viele vielleicht die größte Investition ihres Lebens. Ist die richtige Immobilie ausgewählt, gilt es, die nächste Hürde zu überwinden: den Kaufvertrag abzuschließen. Immobilienkaufverträge sind meist recht umfangreich, was ihrer großen wirtschaftlichen Bedeutung für jeden einzelnen Beteiligten sicherlich auch gerecht wird. Worauf ist zu achten? Was sind die Besonderheiten?

Zunächst ist der Kaufvertrag über eine Eigentumswohnung ein Grundstücksvertrag und damit für dessen Wirksamkeit gemäß § 311b BGB beurkundungspflichtig. Gründe dafür sind unter anderem, dass die Beteiligten vor übereilten Entscheidungen geschützt und auf die besondere Bedeutung des Geschäfts hingewiesen werden sollen („Warnfunktion"). Auch hat die Beurkundung eine Schutzfunktion dahingehend, dass die sachkundige Beratung durch den Notar sichergestellt werden soll. Nicht zuletzt soll der unzweideutige Beweis der getroffenen Vereinbarung gesichert und durch das Mitwirken des Notars auch die Gültigkeit des Rechtsgeschäfts gewährleistet werden.

Formbedürftig sind in jedem Falle die wesentlichen Vertragsbestandteile, also die Einigung über die Kaufsache und der Kaufpreis, aber auch alle übrigen Abreden, wie Befristungen, Bedingungen und Abreden über die Zahlungsmodalitäten. Aufgrund der Komplexität eines Grundstückskaufvertrags ist es in jedem Falle ratsam, einen fachkundigen Rechtsanwalt heranzuziehen.

7.1. Beteiligte des Kaufs

Der Verkäufer

Zuallererst ist zu prüfen, ob derjenige, der sich als Verkäufer ausgibt, auch tatsächlich Eigentümer der zu erwerbenden Einheit ist. Nur dieser kann grundsätzlich rechtswirksam dem Erwerber das Eigentum verschaffen. Aufschluss hierüber gibt das Wohnungseigentumsgrundbuch. Hier sollte sich aus Abteilung I die Eigentümerstellung des Verkäufers ergeben.

Das Grundbuch genießt öffentlichen Glauben, d.h. sein Inhalt wird als wahr unterstellt. Selbst wenn also der eingetragene Eigentümer nicht der wahre Eigentümer ist, scheitert der Erwerb des Grundstücks aufgrund des öffentlichen Glaubens hieran nicht. Beim Kauf vom Erben, welcher (noch) nicht in das Grundbuch eingetragen ist, erfüllt wiederum der Erbschein den guten Glauben an die Erbenstellung, § 2366 BGB.

Die Verkäuferstellung können sowohl natürliche als auch – und das ist bei einem Kauf von einem Bauträger die absolute Regel – juristische Personen, d.h. Gesellschaften, einnehmen. Selbst eine Gesellschaft bürgerlichen Rechts kann Eigentümer einer Immobilie sein. Spiegelbildlich gilt dies selbstverständlich dann auch für die Käuferposition.

M. Fesselmann, R. Kobabe, K. Schwenzfeier, U. Siegemund, *Vorsorgewohnen in Deutschland*,
https://doi.org/10.1007/978-3-658-21288-9_7

Der Käufer

Wer kann Immobilien kaufen? Wer kann Eigentümer werden? In Deutschland bestehen keine Erwerbsbeschränkungen für den Kauf einer Immobilie, wie zum Beispiel in Dänemark, den Niederlanden oder in der Schweiz, wo der Immobilienerwerb durch Ausländer an bestimmte Bedingungen geknüpft ist.

Sollen mehrere Personen Eigentum an der Immobilie erwerben, gibt es die Möglichkeit, das Verhältnis der Eigentumsanteile im Grundbuch anzugeben, § 47 Abs. 1 GBO. Auch kann lediglich ideelles Eigentum erworben werden, sodass nach einer Zweifelsregelung gilt, dass allen Personen gleiche Anteile zustehen.

Beim Erwerb durch eine Gesellschaft bürgerlichen Rechts sind die Gesellschafter im Grundbuch einzutragen. Das Grundstück wird Teil des Gesamthandsvermögens, vgl. § 719 BGB. Die Gründung einer Gesellschaft bürgerlichen Rechts zum Zwecke des Erwerbs einer Immobilie kann dann interessant werden, wenn zum Beispiel zwei Freunde gemeinsam in eine Immobilie investieren wollen. Die Gesellschaft bürgerlichen Rechts wird Eigentümerin des Grundstücks, die Investoren halten nur Anteile an der Gesellschaft, sodass bei einem späteren Verkauf der Anteile an einen anderen der Beurkundungszwang entfällt, damit allerdings auch die fachkundige Betreuung durch den Notar. Für Eheleute ist es dagegen eher unüblich, zum Zwecke des gemeinsamen Erwerbs eines Grundstücks eine GbR zu gründen. In jedem Fall empfiehlt es sich, bei der Veräußerung oder dem Erwerb einer Immobilie hinsichtlich der steuerlichen Vor-, aber auch Nachteile der gewählten Konstellation einen Steuerberater zu befragen.

Stellvertretung bei Grundstücksgeschäften

Müssen Käufer und Verkäufer persönlich zum Notartermin erscheinen? Auch bei Grundstücksverträgen ist es möglich, sich eines Stellvertreters zu bedienen; das kann auch der mit der Sache betraute Rechtsanwalt sein. Was muss dabei beachtet werden? Grundsätzlich ist die Erteilung der Vollmacht gemäß § 167 Abs. 2 BGB nicht an die Form des Vertretergeschäfts gebunden, allerdings verlangt die Grundbuchordnung eine Beglaubigung. In jedem Falle muss aber der Vertreter die Vertretung offenlegen, da er ansonsten selbst Vertragspartner wird, § 164 Abs. 2 BGB. Jedoch gelten nach der Rechtsprechung des Bundesgerichtshofs Ausnahmen im Bereich des § 311b BGB. So gilt insbesondere die notarielle Beurkundungspflicht für die Erteilung der Vollmacht ebenfalls, wenn die Vollmacht unwiderruflich erteilt werden soll oder für den Fall des Widerrufs eine Vertragsstrafe vereinbart ist.

Der Notar

Wie eingangs erwähnt, ist der Kaufvertrag von Grundstücken beurkundungspflichtig. Hierfür ist der Notar zuständig. Der Notar ist im Rahmen der Ausübung seines Amtes zur Unparteilichkeit verpflichtet. Bei der Beurkundung des Kaufvertrags hat er umfassende Prüfungs- und Belehrungspflichten. Hierzu soll sich der Notar insbesondere über den Inhalt des Grundbuchs unterrichten, § 21 BeurkG, etwa auch bezüglich eingetragener Rechte Dritter am Grundstück.

Auch soll er, sofern ein gesetzliches Vorkaufsrecht in Betracht kommt, darauf hinweisen. Weiterhin werden dem Notar auch nach der Beurkundung noch vielerlei Aufgaben auferlegt, die mit der Abwicklung des Geschäfts zusammenhängen, wie zum Beispiel gezahlte Gelder treuhänderisch zu verwalten und auszukehren sowie Anträge beim Grundbuchamt zu stellen. Denn ihm wird aufgrund der Unparteilichkeit seines öffentlichen Amtes und seiner regelmäßig besonderen Erfahrung in der Verhandlungsführung und dem Vollzug des Vertrags ein hohes Vertrauen zugesprochen, die Geschäfte ordnungsgemäß im Interesse aller Beteiligten abzuwickeln.

Das Grundbuchamt

Das Grundbuchamt ist mit der Führung des Grundbuchs betraut. Grundbuchamt ist das jeweilig zuständige Amtsgericht; die Zuständigkeit bestimmt sich nach der Lage im Grundbuchbezirk.

Das Grundbuchamt übernimmt Eintragung und Löschung etwaiger Rechtspositionen und überwacht dabei die Einhaltung der rechtlichen Vorschriften, insbesondere die des Bürgerlichen Gesetzbuchs und die der Grundbuchordnung. Dies ist insbesondere von Bedeutung für den Eigentumserwerb, da nach deutschem Recht nicht schon durch wirksamen Kaufvertrag das Eigentum übergeht, sondern erst nach Eintragung im Grundbuch. Auch ist die Vormerkung im Grundbuch einzutragen. Eintragungen nimmt das Grundbuchamt grundsätzlich nur auf Antrag vor.

Weiterhin ist das Grundbuchamt zuständig für Grundbucheinsicht und die Erstellung von Grundbuchauszügen.

Der Darlehensgeber

In der Regel wird der Erwerb von Grundstücken und Wohnungseigentum nicht, zumindest nicht ausschließlich, aus Eigenmitteln finanziert, sondern man bedient sich eines Darlehens. In den allermeisten Fällen wird dies durch ein Kreditinstitut ausgegeben. Damit der Darlehensgeber sichergehen kann, dass die ausgegebenen Mittel auch tatsächlich zurückgezahlt werden, gibt es in der Praxis keine Finanzierung, ohne dass der Erwerber als Darlehensnehmer eine Sicherheit stellen muss. Als Sicherheit dient in aller Regel, zumindest auch, das durch die Finanzierung zu erwerbende Grundstück. Hierzu wird in das Grundbuch entweder eine Hypothek oder eine Grundschuld (beides auch Grundpfandrechte genannt) eingetragen. Banken sind eher dazu geneigt, die Grundschuld aufgrund ihrer Verkehrsfähigkeit als Sicherungsmittel zu bevorzugen. Die Grundschuld ist aufgrund der Unabhängigkeit von der zu sichernden Forderung das flexiblere Grundpfandrecht, insbesondere im Hinblick auf die Weiterverwendung nach Tilgung des Darlehens. Eine Hypothek erlischt kraft Gesetzes mit der Tilgung der Forderung. Gesetzlicher Regelfall ist die Briefhypothek bzw. die Briefgrundschuld. Das bedeutet, dass nicht nur das Grundpfandrecht in das Grundbuch des betroffenen Grundstücks eingetragen wird, sondern dass der Gläubiger der Sicherheit, in aller Regel die Bank, zusätzlich noch einen Brief erhält, der den Inhalt der Sicherheit wiedergibt. Die Verbriefung eines Grundpfandrechts hat grundsätzlich den Vorteil, verkehrsfähiger zu sein. Die Sicherheit kann nämlich beispielsweise an einen Dritten abgetreten werden, ohne dass eine Umschreibung im Grundbuch erfolgen muss, indem die Abtretung schriftlich erklärt und der jeweilige Brief übergeben wird. Hierdurch werden die Kosten, die für die Umschreibung des Grundbuches erforderlich werden, gespart.

Im Falle einer Grundschuld kann der Grundschuldbrief, nachdem die Forderung befriedigt und die Grundschuld damit abgelöst ist, an den Eigentümer zurückgegeben werden. (Zur Erinnerung: Die Hypothek ist akzessorisch mit der Forderung verbunden und besteht immer nur in der Höhe der Forderung.) Die eingetragene Grundschuld hat sich nun in eine Eigentümergrundschuld umgewandelt, über die der Eigentümer auch allein verfügen kann. Er kann beispielsweise für eine neue Finanzierung dem Darlehensgeber anbieten, diese Grundschuld auf ihn umzuschreiben. Auch hier dürfen die Kosten nicht aus dem Blick gelassen werden. Die Löschung eines Grundpfandrechts kostet Geld, und auch die erneute Eintragung eines Rechts sowie die erneute Erstellung eines Briefes kosten Gebühren. Diese kann man sich sparen, verwendet man die „alte", bereits eingetragene und ausgestellte Sicherheit.

Allerdings dürfen die Nachteile nicht unerwähnt bleiben. Zunächst entstehen höhere Kosten bei der Eintragung und Ausstellung des entsprechenden Briefs, welche sich jedoch bei erneuter Verwendung der Grundschuld nach der Tilgung des Kredits bezahlt machen dürften. Auch ist der Brief über die Grundschuld oder die Hypothek sehr sorgfältig aufzubewahren, denn wenn das Grundpfandrecht aus dem Grundbuch gelöscht werden soll, muss der entsprechende Brief vorliegen. Bei Verlust des Briefs ist ein teures und langwieriges Aufgebotsverfahren unumgänglich, nach welchem bei Abschluss das Grundpfandrecht auch ohne den ursprünglichen Brief gelöscht werden kann.

Diese Nachteile überwiegen in der heutigen Praxis. Es häuften sich die Fälle, in den der Grundpfandrechtsbrief nicht mehr auffindbar war. Aus diesem Grund stellt man in der Praxis fest, dass von einem Briefgrundpfandrecht immer mehr Abstand genommen und stattdessen von Buchpfandrechten (also Eintragung ohne Brief) Gebrauch gemacht wird.

Die Grundpfandrechtsgläubiger

Unter einem Grundpfandrechtsgläubiger ist derjenige zu verstehen, zu dessen Gunsten eine Grundschuld oder eine Hypothek in das Grundbuch eingetragen ist. Er hat das Recht, die Befriedigung seiner Forderungen aus dem Grundstück zu verlangen. Wie sich aus den vorigen Ausführungen ergibt, ist in den allermeisten Fällen der Darlehensgeber, also in der Regel das Kreditinstitut, auch der Grundpfandrechtsgläubiger. Kommt also der Erwerber als Darlehensnehmer seinen Zahlungsverpflichtungen nicht nach, darf das Kreditinstitut die Zwangsvollstreckung in das betroffene Grundstück bzw. Wohnungseigentum betreiben. Es kann beispielsweise die Zwangsverwaltung anordnen, sodass etwaige Mieterträge nicht an den Eigentümer, sondern an das Kreditinstitut zu zahlen sind, oder die Versteigerung des Grundstücks bzw. der Einheit beantragen.

Nicht vergessen werden darf, dass auch der Bauträger die Kosten für die Errichtung der Einheiten in aller Regel finanzieren lassen muss, sodass auch für seinen Kreditgeber ein Grundpfandrecht im Grundbuch eingetragen sein wird. Im Falle des Verkaufs hat der Erwerber ein Interesse an der Löschung dieses Grundpfandrechts, damit seine Einheit nicht mehr als Sicherungsgut zur Verfügung steht und sich die zuvor beschriebenen Konsequenzen einer Zwangsvollstreckung bei fehlender Bedienung des Kredits durch den Bauträger nicht auf sein Eigentum erstrecken. Dies kann der Erwerber nur erreichen, wenn das Grundpfandrecht zugunsten der Bank des Bauträgers im Wohnungsgrundbuch seiner Einheit gelöscht wird. Der Grundpfandrechtsgläubiger ist in diesen Fällen also insofern Beteiligter am Erwerb des Eigentums, als er im Rahmen der sogenannten Lastenfreistellung die Bewilligung zur Löschung eines im Grundbuch eingetragenen Grundpfandrechts erteilen muss, damit das Grundstück von dieser Last befreit übergehen kann.

Rein vorsorglich: Handelt es sich bei der Voreintragung um eine Sicherheit, die der Bauträger zur Finanzierung der Baukosten gewährt hat, kommt eine Eigentümergrundschuld und damit ein Austausch der Sicherheit zugunsten der Bank des Erwerbers nicht in Betracht. Denn in aller Regel ist die Finanzierung des Bauträgers noch nicht vollständig getilgt. Zum anderen dürfte es sich bei dem Grundpfandrecht zur Sicherung der Baukostenfinanzierung um ein Gesamtgrundpfandrecht handeln, das Grundstück des Erwerbers ist also nur eines von vielen.

Der Mieter

Es kann vorkommen, dass ein Grundstück oder eine Wohneinheit zum Zeitpunkt des Erwerbs bereits bestehen und auch schon vermietet sind. Falls eine vermietete Wohnung erworben wird, sind einige Besonderheiten zu beachten. Zunächst übernimmt der Erwerber kraft Gesetzes das Mietverhältnis mit dem Mieter des Veräußerers mit allen Rechten und Pflichten, § 566 BGB.

7.2. Grundbuch

Das Grundbuch spielt im Grundstücks- und Wohnungseigentumsrecht eine besonders wichtige Rolle. Rechte am Grundstück werden im Grundbuch eingetragen. Hierzu zählen vor allem das Eigentum, die Vormerkung sowie Beschränkungen und Belastungen. Bei Letzteren handelt es sich um die bereits behandelten Grundpfandrechte (zur Erinnerung: Grundschuld und Hypothek).

Das Grundbuch hat in Deutschland eine lange Tradition. Das Gesetz, welches das Grundbuchswesen regelt, die Grundbuchordnung, kurz GBO, trat in ihrer ursprünglichen Fassung sogar vor dem Bürgerlichen Gesetzbuch in Kraft. Seitdem wurde es mehrfach novelliert.

Das Grundbuch ist ein öffentliches Register, die Öffentlichkeit des Grundbuchs gilt jedoch nur eingeschränkt. Denn in das Grundbuch kann nur Einsicht nehmen, wer ein berechtigtes Interesse darlegt, § 12 GBO. Ein berechtigtes Interesse hat zunächst jeder, der ein Recht am Grundstück oder am Grundstücksrecht hat. Bei einem geplanten Erwerb eines Grundstücks oder einer Einheit besteht aber gerade noch kein Recht, sondern es soll erst eines geschaffen werden, sodass der Erwerber grundsätzlich kein berechtigtes Interesse im Sinne dieser Vorschrift innehat. Nur teilweise wird auch ein wirtschaftliches Interesse als ausreichend angesehen, was von einigen Autoren in der Literatur gar für Kaufinteressenten bejaht, von anderen wiederum abgelehnt wird. Der Notar ist zur vorbereitenden Grundbucheinsicht sogar verpflichtet, § 21 BeurkG.

Praxistipp:

Es empfiehlt sich, den Eigentümer so frühzeitig wie möglich um die Beibringung des Grundbuchauszugs zu bitten, um Klarheit über die grundbuchliche Situation zu erhalten. Alternativ kann mit einer Vollmacht des Eigentümers Einsicht in das Grundbuch genommen werden.

Die Funktionen des Grundbuchs

Das Grundbuch erfüllt drei wesentliche Funktionen:

Übertragungswirkung, § 873 BGB

Zur Übertragung eines Rechts an einem Grundstück ist stets die Eintragung im Grundbuch notwendig, § 873 BGB. Die Eintragung in das Grundbuch bewirkt erst die Änderung der Rechtslage, sie ist konstitutiv.

Vermutungswirkung, § 891 BGB

Der Inhalt des Grundbuchs wird durch § 891 BGB widerlegbar vermutet, was bedeutet, dass jemand, der sich auf ein im Grundbuch eingetragenes Recht beruft, hierfür die Tatsachen nicht darlegen und beweisen muss.

Gutglaubenswirkung, § 892 BGB

§ 892 BGB fingiert die Richtigkeit und Vollständigkeit des Grundbuchs zugunsten desjenigen, der ein Recht an ihm erwirbt, unabhängig davon, ob der Erwerber den Inhalt des Grundbuchs kannte oder nicht. Dies gilt nicht, wenn der Erwerber positiv von der Fehlerhaftigkeit der im Grundbuch eingetragenen Position wusste oder im Grundbuch ein Widerspruch eingetragen war.

Aufbau des Grundbuchs

Jedes Grundstück erhält im Grundbuch ein sogenanntes Grundbuchblatt, § 3 GBO. So sieht ein Grundbuchauszug aus:

Anlage 1
(zu § 22)

Muster

(Grundbuchblatt)

Amtsgericht

Köln

Grundbuch

von

Worringen

Grundbuchblatt-Nr.

0100

5

Amtsgericht Köln **Grundbuch von** Worringen **Blatt** 0100

Bestandsverzeichnis

1

Laufende Nummer der Grundstücke	Bisherige laufende Nummer der Grundstücke	Bezeichnung der Grundstücke und der mit dem Eigentum verbundenen Rechte					Größe		
		Gemarkung (Vermessungsbezirk)	Karte: Flur	Karte: Flurstück	Liegenschaftsbuch	Wirtschaftsart und Lage	ha	a	m²
		a	b		c/d	e			
1	2	3					4		
1		Worringen	1	100		Freifläche Alte Neußer Landstraße		10	10
2	1	Worringen	1	101		Weg Alte Neußer Landstraße			90
3	1	Worringen	1	102		Gebäude- und Freifläche Alte Neußer Landstraße 100		9	10
4		Worringen	1	200		Landwirtschaftsfläche Alte Neußer Landstraße		5	00
5		Worringen	1	310		Gartenland		2	00
6	3,5	Worringen	1 1	102 310		Gebäude- und Freifläche Alte Neußer Landstraße 100 Gartenland		11	10
7 ---- zu 6		1/10 Miteigentumsanteil an dem Grundstück Worringen	1	110		Weg Alte Neußer Landstraße		1	00

6

Bestand und Zuschreibungen		Abschreibungen	
Zur laufenden Nummer der Grundstücke		Zur laufenden Nummer der Grundstücke	
5	6	7	8
1	Aus Blatt 0200 am 5. Januar 1993. Neumann Götz	2	Nach Blatt 0001 am 15. April 1993. Neumann Götz
1,2,3	Lfd. Nr. 1 geteilt und fortgeschrieben gemäß VN Nr. 100/93 in Nrn. 2 und 3 am 15. April 1993. Neumann Götz		
4,5	Aus Blatt 0250 am 10. Mai 1993. Neumann Götz		
3,5,6	Lfd. Nr. 5 der Nr. 3 als Bestandteil zugeschrieben und unter Nr. 6 neu eingetragen am 9. Juni 1993. Neumann Götz		
7 ---- zu 6	Aus Blatt 0300 am 12. Juli 1993. Neumann Götz		

Amtsgericht Köln **Grundbuch von** Worringen **Blatt** 0100 **Erste Abteilung** 1

Laufende Nummer der Eintragungen	Eigentümer	Laufende Nummer der Grundstücke im Bestandsverzeichnis	Grundlage der Eintragung
1	2	3	4
1	Müller, Friedrich, geb. am 5. Juli 1944, Alte Neußer Landstraße 100, 5000 Köln 71	1	Aufgelassen am 14. Oktober 1992, eingetragen am 5. Januar 1993. Neumann Götz
		4,5	Aufgelassen am 11. November 1992, eingetragen am 10. Mai 1993. Neumann Götz
		7/zu 6	Das bisher in Blatt 0300 eingetragene Eigentum aufgrund Auflassung vom 15. April 1993 und Buchung gemäß § 3 Abs. 3 GBO hier eingetragen am 12. Juli 1993. Neumann Götz
2a)	Schumacher, Ute geb. Müller, geb. am 12. Mai 1966, Grundermühle 7, 51515 Kürten	4,6,7	Erbfolge (33 VI 250/94 AG Köln), eingetragen am 7. Dezember 1994. Neumann Götz
b)	Müller, Georg, geb. am 6. März 1968, Kemperbachstraße 48, 51069 Köln - in Erbengemeinschaft -		

8

Laufende Nummer der Eintragungen	Eigentümer	Laufende Nummer der Grundstücke im Bestandsverzeichnis	Grundlage der Eintragung
1	2	3	4

Amtsgericht Köln **Grundbuch von** Worringen **Blatt** 0100 **Zweite Abteilung** 1

Laufende Nummer der Eintragungen	Laufende Nummer der betroffenen Grundstücke im Bestandsverzeichnis	Lasten und Beschränkungen
1	2	3
1	4,6,7	Nießbrauch für Müller, Gerhard, geb. am 23. April 1918, Alte Neußer Landstraße 100, 50769 Köln, befristet, löschbar bei Todesnachweis. Unter Bezugnahme auf die Bewilligung vom 15. April 1993 - URNr. 400/93 Notar Dr. Schmitz in Köln - eingetragen am 12. Juli 1993. Neumann Götz
2	4,6	Widerspruch gegen die Eintragung des Eigentümers des Friedrich Müller zugunsten des Josef Schmitz, geb. am 26. Juli 1940, Rochusstraße 300, 50827 Köln. Unter Bezugnahme auf die einstweilige Verfügung des Landgerichts Köln vom 30. Juli 1993 - 10 O 374/93 - eingetragen am 3. August 1993. Neumann Götz
3	4	Dienstbarkeit (Wegerecht) für den jeweiligen Eigentümer des Grundstücks Flur 1 Nr. 201 (derzeit Blatt 0250). Unter Bezugnahme auf die Bewilligung vom 11. November 1992 - URNr. 2231/92 Notar Dr. Schneider in Köln - eingetragen am 4. August 1993. Neumann Götz

10

Veränderungen		Löschungen	
Laufende Nummer der Spalte 1		Laufende Nummer der Spalte 1	
4	5	6	7
		2	Gelöscht am 31. August 1993. Neumann Götz

Amtsgericht Köln **Grundbuch von** Worringen **Blatt** 0100 **Dritte Abteilung** 1

Laufende Nummer der Eintragungen	Laufende Nummer der belasteten Grundstücke im Bestandsverzeichnis	Betrag	Hypotheken, Grundschulden, Rentenschulden
1	2	3	4
1	3,4,5,6	10.000,00 DM 5.000,00 DM	Grundschuld - ohne Brief - zu zehntausend Deutsche Mark für die Stadtsparkasse Köln in Köln; 18% Zinsen jährlich; vollstreckbar nach § 800 ZPO. Unter Bezugnahme auf die Bewilligung vom 19. April 1993 - URNr. 420/93 Notar Dr. Schmitz in Köln - eingetragen am 9. Juni 1993. Gesamthaft: Blätter 0100 und 0550. Neumann Götz
2	4,6	20.000,00 DM - 5.000,00 DM 15.000,00 DM	Hypothek zu zwanzigtausend Deutsche Mark für Bundesrepublik Deutschland (Wohnungsfürsorge); 12% Zinsen jährlich; 2% bedingte Nebenleistung einmalig. Unter Bezugnahme auf die Bewilligung vom 6. Oktober 1993 - URNr. 1300/93 Notar Dr. Schmitz in Köln -. Vorrangsvorbehalt für Grundpfandrechte bis zu DM 100.000,00; bis 20% Zinsen jährlich; bis 10% Nebenleistungen einmalig; inhaltlich beschränkt. Eingetragen am 15. November 1993. Neumann Götz
3	4,6,7	100.000,00 DM	Grundschuld zu einhunderttausend Deutsche Mark für Inge Müller geb. Schmidt, geb. am 12. Mai 1952, Alte Neußer Landstraße 100, 50769 Köln, 18% Zinsen jährlich. Unter Bezugnahme auf die Bewilligung vom 3. Januar 1994 - URNr. 2/94 Notar Dr. Klug in Köln -; unter Ausnutzung des Rangvorbehalts mit Rang vor III/2. Eingetragen am 17. Januar 1994. Neumann Götz

12

Veränderungen			Löschungen		
Laufende Nummer der Spalte 1	Betrag		Laufende Nummer der Spalte 1	Betrag	
5	6	7	8	9	10
2	20.000,00 DM	Dem Recht Abt. III Nr. 3 ist der vorbehaltene Vorrang eingeräumt. Eingetragen am 17. Januar 1994. Neumann Götz	2	5.000,00 DM	Fünftausend Deutsche Mark gelöscht am 4. Oktober 1994. Neumann Götz
3	100.000,00 DM	Gepfändet mit den Zinsen seit dem 30. Juni 1994 für die Haftpflicht-Versicherungs-Aktiengesellschaft in Köln wegen einer Forderung von DM 65.800,00 mit 9% Zinsen aus DM 59.600,00 seit dem 18. Juni 1992. Gemäß Pfändungs- und Überweisungsbeschluß des Amtsgerichts Köln vom 15. Juni 1994 - 183 M 750/94 - eingetragen am 20. Juni 1994. Neumann Götz	3 3a 3b	20.000,00 DM 60.000,00 DM 20.000,00 DM	Pfändungsvermerk vom 26. Juli 1994 gelöscht am 4. Oktober 1994. Neumann Götz
1	5.000,00 DM	Das Recht ist gemäß § 1132 Abs. 2 BGB derart verteilt, daß die hier eingetragenen Grundstücke nur noch haften für fünftausend Deutsche Mark. Die Mithaft in Blatt 0550 ist erloschen. Eingetragen am 1. Juli 1994. Neumann Götz			

Amtsgericht Köln **Grundbuch von** Worringen **Blatt** 0100 **Dritte Abteilung** 1 R

Laufende Nummer der Eintragungen	Laufende Nummer der belasteten Grundstücke im Bestandsverzeichnis	Betrag	Hypotheken, Grundschulden, Rentenschulden
1	2	3	4
4	4	8.200,00 DM	Zwangssicherungshypothek zu achttausendzweihundert Deutsche Mark für die Schmidt & Müller oHG, Köln, Wienerplatz 2, 51065 Köln, mit 8% Zinsen jährlich aus DM 7.180,00 seit dem 20. Oktober 1994. Gemäß Urteil des Amtsgerichts Köln vom 2. November 1994 - 115 C 1500/94 - eingetragen am 1. Dezember 1994. Neumann Götz
5	4,6,7	30.000,00 DM	Sicherungshypothek zum Höchstbetrag von dreißigtausend Deutsche Mark für die Stadt Köln - Amt für Wohnungswesen. Unter Bezugnahme auf die Bewilligung vom 3. November 1994 - URNr. 1400/94 Notar Dr. Schmitz in Köln - eingetragen am 5. Dezember 1994. Neumann Götz

14

Veränderungen			Löschungen		
Laufende Nummer der Spalte 1	Betrag		Laufende Nummer der Spalte 1	Betrag	
5	6	7	8	9	10
3 3 3a 3b	100.000,00 DM 20.000,00 DM 60.000,00 DM 20.000,00 DM	Das Recht ist geteilt in zwanzigtausend Deutsche Mark erstrangig –, sechzigtausend Deutsche Mark zweitrangig –, zwanzigtausend Deutsche Mark drittrangig –. Eingetragen am 1. August 1994. Neumann Götz			
3a	60.000,00 DM	Abgetreten mit den Zinsen seit dem 17. Januar 1994 an die Kölner Bausparkasse Aktiengesellschaft in Köln. Eingetragen am 1. August 1994. Neumann Götz			

Fortsetzung auf Einlegebogen

15

Im Einzelnen:

Bestandsverzeichnis
Das Bestandsverzeichnis ist der erste Teil des Grundbuchblatts, das die Bezeichnung des Grundstücks enthält. Diese wird angegeben nach Bestandsnummer, Gemarkung, Flurnummer und Flurstück-Nummer. Außerdem wird die Größe des Grundstücks in m^2 angegeben.

Die erste Abteilung
In der ersten Abteilung wird der Eigentümer bezeichnet. Hier sollte der potenzielle Käufer also prüfen, ob der Verkäufer an dieser Stelle tatsächlich eingetragen ist. In einem „echten" Grundbuchauszug wäre dieser in aller Regel an letzter Stelle, unter allen Voreigentümern, zu finden.

Die zweite Abteilung
Die zweite Abteilung trägt den Titel Lasten und Beschränkungen. Hier werden Grunddienstbarkeiten, Nießbrauchrechte, Reallasten, Auflassungsvormerkungen, Vorkaufsrechte, Wohnrechte, Erbbaurechte und, mit einer Ausnahme, Widersprüche eingetragen. Der Widerspruch gegen das Eigentum wird ausnahmsweise in der ersten Abteilung eingetragen.

Auflassungsvormerkung
Besonderes Augenmerk sollte auf die Eintragung etwaiger Auflassungsvormerkungen gerichtet werden. Unter einer Auflassung versteht man die dingliche Einigung über die Übertragung des Eigentums an einem Grundstück oder einer Einheit. Der sofortige Eigentumswechsel ist in der Regel nicht gewollt. So muss z.B. der Kaufpreis noch finanziert und bezahlt werden. Möglicherweise sind noch behördliche Genehmigungen erforderlich oder Dritte müssen dem Vertrag noch zustimmen.

Zur Sicherung des Anspruchs auf Erwerb von Eigentum (oder anderen Rechten) kann eine sogenannte Vormerkung eingetragen werden. Das Bedürfnis für eine solche Vormerkung ergibt sich daraus, dass der Erwerber allein durch den Kaufvertrag noch nicht Eigentümer wird. Dazu bedarf es noch der Eigentumsumschreibung im Grundbuch. Es kann eine nicht unerhebliche Zeit bis dahin vergehen. In der Zwischenzeit könnte der kaufvertraglich vereinbarte Erwerb beeinträchtigt, im schlimmsten Fall sogar vollständig vereitelt werden. Folgendes könnte theoretisch passieren:

- Der Verkäufer überlegt es sich anders, weil ein Dritter mehr bietet.
- Der Verkäufer belastet das Eigentum mit einem Grundpfandrecht, für das der Erwerber dann mit dem Grundstück oder der Einheit einstehen müsste.
- Gläubiger des Veräußerers greifen auf das Grundstück zu.
- Der Verkäufer gerät in Insolvenz.

Diese Risiken werden durch die Eintragung einer Auflassungsvormerkung ausgeschlossen. Mit der Eintragung der Vormerkung werden alle potenziellen weiteren Erwerber darüber informiert, dass bereits eine Auflassung stattgefunden hat und dass das Eigentum vom Verkäufer an den Erwerber übertragen werden soll. Die Vormerkung bewirkt, dass alle danach erfolgten Grundbucheintragungen gegenüber dem Erwerber unwirksam sind, soweit sie sein vorgemerktes Recht beeinträchtigen. Die Sicherung wirkt umfassend.

Erst nachdem der Erwerber durch die Eintragung der Auflassungsvormerkung gesichert ist, wird er in der Praxis den Kaufpreis bezahlen.

Vorkaufsrecht

In Abteilung II werden auch etwaige Vorkaufsrechte eingetragen. Diese räumen dem Berechtigten die Möglichkeit ein, im Falle des Verkaufs durch Erklärung zwischen sich und dem Verkäufer einen Kaufvertrag zu den Bedingungen abzuschließen, wie sie auch zwischen dem Verkäufer und dem Erwerber vereinbart wurden. Hier ist also Vorsicht geboten, weil offensichtlich wird, dass ein Erwerb möglicherweise nicht zustande kommt.

Sanierungsgebiet

Ferner kann in Abteilung II des Grundbuchs ein Sanierungsvermerk eingetragen sein. Dies bedeutet, dass sich das Grundstück in einem erklärten Sanierungsgebiet befindet – mit der Folge, dass es für die Belastung des Grundstücks mit einem Grundpfandrecht (z.B. zur Finanzierung des Kaufpreises) einer zusätzlichen Genehmigung durch die zuständige Behörde bedarf. Auch dies ist im Rahmen der Gespräche mit einer finanzierenden Bank zu berücksichtigen.

Die dritte Abteilung

Die dritte Abteilung enthält die bereits verschiedentlich erwähnten Grundpfandrechte, also Grundschulden, Hypotheken, Sicherungsgrundschulden und, sehr selten, Rentenschulden. Auch ist hier erkennbar, ob zur Grundschuld oder Hypothek ein entsprechender Brief erteilt worden ist. Wie bereits oben erwähnt, ist die Erteilung des Briefs der gesetzliche Regelfall, sodass die Erteilung einer reinen Buchgrundschuld oder Buchhypothek ausdrücklich im Grundbuch eingetragen werden muss, § 1116 II 3 BGB.

Besonderheiten beim Wohnungseigentum, § 7 WEG

Grundsätzlich gibt es beim Wohnungseigentum keine Besonderheiten. Für jede Wohnung wird ein gesondertes Wohnungseigentumsblatt angelegt, das sodann den zuvor beschriebenen Regularien folgt.

Löschungen

Ein Grundbuchblatt wird fortgeschrieben, sodass aus ihm sämtliche Änderungen das Grundstück oder die Einheit betreffend ersichtlich sind. Eintragungen, die nicht mehr gelten sollen und als gelöscht gelten, sind gerötet. Im Grundbuchauszug selbst sind die entsprechenden Eintragungen unterstrichen. Aber Vorsicht: Die Unterstreichung allein gibt keine Sicherheit. Jede Löschung muss unter Bezugnahme auf das gelöschte Recht im Grundbuch unter Bemerkungen als solche auch eingetragen werden. Nur dann ist sicher, dass das Recht, die Beschränkung oder Belastung nicht mehr bestehen sollen.

7.3. Inhalt des Kaufvertrags

Im Folgenden soll kurz auf den Kaufvertrag, dessen notwendige Bestandteile sowie die gängigsten Regelungen eingegangen werden.

Wesentliche Vertragsbestandteile

Als wesentliche Vertragsbestandteile sind mindestens zu vereinbaren, welche Immobilie zu welchem Kaufpreis verkauft wird und wer die Vertragsparteien sind. In der Praxis werden in einem Grundstückskaufvertrag jedoch erheblich mehr Vereinbarungen getroffen, da häufig ein viel größerer Regelungsbedarf besteht. Doch worauf ist im Einzelnen zu achten? Ausdrücklich werden in Bezug auf den Kaufpreis neben der Höhe regelmäßig die Fälligkeit des Kaufpreises, die Sicherung der Kaufpreiszahlung und die Rechtsfolgen einer Nichtzahlung vereinbart. Der Erwerber ist weiterhin daran interessiert, seine Vorleistungen durch eine Vormerkung absichern zu lassen. Aber auch der Verkäufer will nicht schutzlos sein. So ist es üblich, dass der Käufer sich zur Titulierung der Kaufpreisforderung der sofortigen Zwangsvollstreckung unterwirft, sodass kein weiteres Gerichtsverfahren nötig ist, um aus der Kaufpreisforderung zu vollstrecken. Auch will der Verkäufer regelmäßig die Folgen der Nichtzahlung im Kaufvertrag zur Klarstellung geregelt haben, dies insbesondere in Hinblick auf die Verzugszinsen und seine gesetzlichen Rücktrittsrechte.

Fälligkeit der Kaufpreiszahlung

Ohne Vereinbarung über die Fälligkeit der Kaufpreiszahlung kann der Gläubiger sie im Zweifel sofort verlangen, § 271 BGB. Im Gegenzug kann der Erwerber auch im Zweifel sofort den Eigentumsübergang am Grundstück verlangen. Ein solch direkter Austausch wird jedoch in der Praxis nicht stattfinden, zumal schon die Umschreibung des Grundstücks im Grundbuch nicht erfolgt, ohne dass eine gewisse Wartezeit vergeht, ganz zu schweigen von sämtlichen Eventualitäten, die es zu klären gilt, bevor überhaupt eine der Parteien sinnvollerweise bereit sein wird, ihre geschuldete Leistung tatsächlich zu erbringen.

Konkret gesagt ist es für den Käufer nicht von Interesse, den Kaufpreis für eine Immobilie sofort und vollständig zu zahlen, wenn er selbst keine Sicherheiten in der Hand hält, um das zu erhalten, wofür er bezahlt hat.

Um die Interessen von Käufer und Verkäufer in ein angemessenes Gleichgewicht zu bringen, sollte die Fälligkeit der Kaufpreiszahlung nicht der gesetzlichen Zweifelsregelung des § 271 BGB überlassen werden, sondern durch entsprechende Klauseln an verschiedene Bedingungen geknüpft werden. Denn das Gesetz allein sichert die Interessen der Parteien an dieser Stelle nicht vollumfänglich ab. Auch wären mündliche Abreden dahingehend wegen des Beurkundungszwanges aus § 311b BGB unwirksam. So wird die Fälligkeit der Kaufpreiszahlung einerseits regelmäßig von der erfolgreichen Eintragung einer Auflassungsvormerkung abhängig gemacht.

Auch werden Käufer und Verkäufer regelmäßig im Vorfeld des Kaufvertrags über die Nutzung des Grundstücks gesprochen haben. Bei einem Bauträgervertrag über eine neu zu errichtende Immobilie beispielsweise soll ein Ein- oder Mehrfamilienhaus, das als Wohnraum dient, hergestellt werden. Hierfür bedarf es einer Baugenehmigung durch die zuständige Behörde.

Aber auch bei einem bestehenden Gebäude bedarf es gegebenenfalls einer Baugenehmigung, selbst wenn am Gebäude keine baulichen Maßnahmen beabsichtigt sind. Dies kann unter Umständen der Fall sein, wenn eine Nutzungsänderung angestrebt wird, beispielsweise, wenn aus einer gewerblich genutzten Immobilie eine Privatwohnung werden soll oder umgekehrt.

Der Käufer hat somit ein hohes Interesse daran, dass der Verkäufer einerseits die Genehmigungsfähigkeit des Vorhabens auf dem zu verkaufenden Grundstück zusichert und andererseits, dass die Baugenehmigung tatsächlich erteilt wird, denn ansonsten ist das Grundstück für den Käufer „wertlos". Daher ist zu überlegen, die Erteilung der Baugenehmigung als weitere Bedingung für die Fälligkeit des Kaufpreises mit in den Vertrag aufzunehmen.

Auch sollte überprüft werden, ob vertragliche Vorkaufsrechte bestehen. Für diesen Fall sollte die Fälligkeit der Kaufpreiszahlung von der Verzichtserklärung des Vorkaufsberechtigten abhängig gemacht werden. Weiterhin ist es möglich, dass ein gemeindliches Vorkaufsrecht nach § 24 BauGB besteht. Die Fälligkeit der Kaufpreiszahlung ist in diesem Fall von der gemeindlichen Verzichtserklärung abhängig zu machen.

Der Eigentumsübergang, die Auflassungserklärung und Bewilligung zur Umschreibung des Grundbuchs

Mit dem wirksamen Kaufvertrag geht nach deutschem Recht noch kein Eigentum über, weder bei beweglichen Sachen noch, wie bereits erwähnt, bei Grundstücken. Vielmehr ist die Übertragung des Eigentums ein rechtlich gesonderter Vorgang, der im Alltag – etwa beim Einkauf im Supermarkt – häufig mit dem Kaufvertrag zusammenfällt, ohne dass die Beteiligten dies ausdrücklich vereinbaren. Aufgrund der Tatsache, dass die Eintragung des Erwerbers im Grundbuch zwingende Voraussetzung für den Eigentumserwerb an einer Immobilie ist, muss das Grundbuchamt jedoch mit den vorliegenden Erklärungen (sogenannten Auflassungserklärungen) zur Umschreibung angewiesen werden.

Die Auflassungserklärung ist bedingungsfeindlich, § 925 II BGB. Da man aus Kosten- und Zeitgründen die Auflassung aber nicht zu einem späteren Zeitpunkt in einem weiteren Beurkundungstermin erklären will und der Verkäufer dennoch das Interesse hat, die Auflassung quasi einer Bedingung zu unterstellen, um keine ungesicherte Vorleistung zu erbringen, ist es in der Praxis üblich, die Auflassung bereits in der Kaufvertragsurkunde zu erklären. Der Notar wird jedoch per Vertragsklausel angewiesen, die Auflassungserklärungen der beiden Parteien erst mit dem Umschreibungsantrag an das Grundbuchamt zu leiten, wenn der vollständige Kaufpreis (meist durch die finanzierende Bank) gezahlt wurde.

Die Auflassungsvormerkung
Auch der Käufer hat großes Interesse daran, dass seine Vorleistungen im Hinblick auf den Kaufvertrag abgesichert sind. Denn eine Rückabwicklung ist meist mit einem hohen Aufwand verbunden, nicht zuletzt auch in finanzieller Hinsicht. Um gegen sämtliche Eventualitäten geschützt zu sein, ist hierfür zugunsten des Käufers und zukünftigen Erwerbers eine Auflassungsvormerkung in das Grundbuch einzutragen. Die hierfür erforderliche Bewilligung des Verkäufers und Noch-Eigentümers ist vertraglich festzuhalten, der Notar ist anzuweisen, den Antrag auf Eintragung der Auflassungsvormerkung unverzüglich nach Abschluss des Vertrags zu stellen.

In gewisser Weise kommt dem Käufer damit die Schutzwirkung der Vormerkung bereits ab Stellung des Antrags auf Eintragung zu, § 892 II BGB.

Im Gegenzug will der Verkäufer keinen langwierigen Prozess führen müssen, um die Auflassungsvormerkung wieder aus dem Grundbuch zu beseitigen, für den Fall, dass die Vertragsdurchführung wegen ausbleibender Zahlungen scheitert. Zu diesem Zwecke ist es daher auch üblich, dem Notar eine Vollmacht zur Bewilligung zur Löschung der Vormerkung zu erteilen, unter der Anweisung, dass dieser nur davon Gebrauch macht, wenn feststeht, dass der Vertrag nicht durchgeführt werden wird.

Besonderheit beim Kauf von Wohnungseigentum
Die Besonderheiten zum Erwerb von Wohnungseigentum in Bezug auf das Grundbuch wurden oben bereits erläutert. Dennoch stellen sich im Zusammenhang mit der Vereinbarung über den Eintritt in die Wohnungseigentümergemeinschaft in die Position des Voreigentümers noch weitere Fragen, die eindeutig geregelt werden sollten:

Insbesondere sollte der neue Erwerber sich über den Inhalt der Gemeinschaftsordnung und über die aktuelle Beschlusslage informieren. Ein besonderes finanzielles Risiko besteht, wenn nicht ausreichend Rücklagen für Instandsetzungs- und Instandhaltungsmaßnahmen an Gemeinschaftsflächen vorhanden sind. Das WEG regelt nicht selbst, wann und in welcher Höhe die Zahlung einer Sonderumlage hierzu fällig ist. Vielmehr wird dies in der Gemeinschaftsordnung geregelt sein. Um sich im Zweifel beim Verkäufer schadlos halten zu können, kann der Erwerber z.B. eine Garantie für das Vorhandensein einer ausreichenden Instandhaltungsrücklage in den Vertrag aufnehmen lassen.

Weiterhin sollten Regelungen bezüglich des Stimmrechts in der Wohnungseigentümerversammlung getroffen werden. Der Erwerber wird sicherlich ein Interesse daran haben, schon zu dem Zeitpunkt, zu dem er den Kaufpreis gezahlt hat, aber noch auf die Umschreibung im Grundbuch wartet, stimmberechtigt an der Eigentümerversammlung teilnehmen zu können. Insoweit sollte der Kaufvertrag eine Vollmacht zugunsten des Erwerbers zur Ausübung der Stimmrechte enthalten. Im Übrigen ergibt sich die Ausgestaltung des Stimmrechts aus der Teilungserklärung. Üblicherweise ist das Stimmrecht entweder „pro Kopf" oder nach Miteigentumsanteilen ausgestaltet.

Auch sollten Regelungen über den Ausgleich von Rück- und Nachzahlungen auf Grund der Jahresabrechnung sowie die Übernahme von den nur schuldrechtlichen Verpflichtungen aus der Teilungserklärung getroffen werden.

Sonderzahlungen für größere Aufwendungen, die nicht aus der Instandhaltungsrückstellung bestritten werden können, sollte der Verkäufer ebenfalls zu zahlen verpflichtet sein, sofern sie nicht bereits im Kaufpreis berücksichtigt sind. Rein vorsorglich: Vertrauen ist gut, Kontrolle ist besser. Auch wenn man sich in den Verkaufsgesprächen mit dem Verkäufer auf solch eine Regelung verständigt hat, sollte diese auch im Rahmen des Kaufvertrags verschriftlicht werden.

Lastenfreistellung

Der Erwerber wird regelmäßig ein Interesse daran haben, das Grundstück lastenfrei zu erwerben, da er ansonsten bei einer Immobilie, die mit einem Grundpfandrecht in Abteilung III des Grundbuches belastet ist, dem Anspruch auf Duldung der Zwangsvollstreckung ausgesetzt ist. (Zur Erinnerung: Das Grundstück dient als Sicherheit zur Erfüllung der Zahlungsverbindlichkeiten aus einem Darlehen. Wird dieses nicht bedient, kann der Gläubiger sich aus dem Grundstück befriedigen.) Der Notar erhält den Auftrag, alle für die Lastenfreistellung erforderlichen Unterlagen, insbesondere die Löschungsbewilligung, bei den Gläubigern anzufordern, diese beim Grundbuchamt zu beantragen und später von dem vom Käufer erhaltenen Kaufpreis den entsprechenden Betrag an den Gläubiger auszukehren.

Beschaffenheitsvereinbarung

Grundsätzlich schuldet der Verkäufer die Verschaffung eines Grundstücks oder einer Einheit, die mangelfrei ist. Mangelfreiheit liegt vor, wenn der Erwerber das bekommt, was vereinbart ist. Da sich hieraus für den Verkäufer weitgehende Haftungsrisiken ergeben, wird er ein Interesse daran haben, diese durch Haftungsausschlüsse zu mildern. Aber dies ist nicht grenzenlos möglich: Eine Haftungsfreistellung wegen Vorsatzes ist gemäß § 276 III BGB nie möglich. Auch schützt ein Haftungsausschluss nicht den arglistig Täuschenden.

Rücktrittsrechte

Wie oben bereits erwähnt, ist es auch üblich, Bestimmungen zu den Rücktrittsrechten mit in den Vertrag aufzunehmen. Zum einen will sich der Verkäufer ohne Weiteres vom Vertrag lösen können, wenn die Finanzierung scheitern sollte. Andererseits will der Käufer nicht für eine Immobilie bezahlen müssen, bei der die Eigentumsübertragung fehlschlägt, unerwartete Belastungen oder Risiken auftreten oder das Grundstück bzw. die Einheit sich im baurechtlichen Sinne im Nachhinein als nicht genehmigungsfähig herausstellt.

Weitere Sicherungsabreden

Wie oben bereits erwähnt, wird häufig vereinbart, dass der Käufer sich mit seinem gesamten Vermögen der sofortigen Zwangsvollstreckung unterwirft. Es kann vorkommen, dass der Verkäufer weitere Sicherheiten, z.B. eine Bürgschaft, haben will, um sicherzugehen, dass der Kaufpreis tatsächlich gezahlt wird.

Kosten der Vertragsdurchführung / Kosten der Beurkundung / Maklerkosten

Eine Regelung, wer die Kosten der Beurkundung und der Vertragsdurchführung zu tragen hat, findet sich in jedem Kaufvertrag. Häufig findet sich auch eine weitere Regelung zur Kostentragung etwaiger Maklergebühren. Während es üblich ist, dass der Käufer die Notarkosten und die Grunderwerbsteuer trägt, sollten die Kosten für die Lastenfreistellung in jedem Fall vom Verkäufer getragen werden. Bei den Maklerkosten kommt es auf den Einzelfall an.

7.4. Sonderfall: Kauf nach MaBV

Als Kapitalanlage bietet sich besonders eine neue Eigentumswohnung an. Die Vorteile liegen klar auf der Hand: Der Käufer erhält eine neue Immobilie mit einer völlig neuen Bausubstanz und sollte für die nächsten Jahre einen geringeren Wartungsaufwand haben als zum Beispiel mit einer Altbauwohnung. Auch entfallen Modernisierungsmaßnahmen für einen längeren Zeitraum. Am 1. Juni 2015 ist darüber hinaus das Gesetz zur Mietpreisbremse bei der Neu- oder Wiedervermietung von Wohnungen in Kraft getreten. Es sieht vor, dass die Miete beim Abschluss eines Mietvertrags maximal 10 % über der ortsüblichen Vergleichsmiete liegen darf. Allerdings sind Neubauten, die erstmals vermietet werden, von der Mietpreisbremse ausgenommen. Somit ist auch eine deutlich höhere Rendite möglich, sodass die meist etwas höhere Investition auch schneller wieder finanziert ist.

Die Rechtsnatur des Bauträgervertrags

Ein Vertrag über den Erwerb einer noch zu errichtenden Immobilie ist ein sogenannter Bauträgervertrag, also ein typengemischter Vertrag bestehend aus Kauf- und Werkvertrag. Der Bauträger ist zugleich Eigentümer des aufgeteilten Grundstücks und verkauft einerseits Miteigentumsanteile an seinem Grundstück (bezogen auf die jeweilige Wohnung) und verpflichtet sich andererseits zur Herstellung des zu errichtenden Gebäudes. Alle Teile eines solchen Bauträgervertrags sind notariell zu beurkunden.

Der Schutz des Verbrauchers durch die MaBV

Hierfür steht dem Auftraggeber die Makler- und Bauträgerverordnung (MaBV) zur Seite, insbesondere die Vorschrift des § 3 MaBV, welche unter anderem Rechte und Pflichten aus einem Bauträgervertrag regelt, in erster Linie aber den Verbraucher als Immobilienerwerber schützen soll. (Zur Erinnerung: Ein Verbraucher ist jede natürliche Person, die ein Rechtsgeschäft zu Zwecken abschließt, die überwiegend weder ihrer gewerblichen noch ihrer selbstständigen beruflichen Tätigkeit zugerechnet werden können.)

So will der Erwerber sein Geld nicht ungeschützt und verfrüht in fremde Hände geben, der Bauträger nicht völlig den kompletten Bau „aus eigener Tasche vorstrecken". Beides sind jeweils völlig legitime Interessen. Diese Interessen will die MaBV zum Ausgleich bringen.

Insbesondere soll es dem Bauträger nach § 3 I MaBV erst möglich sein, Gelder des Auftraggebers entgegenzunehmen, wenn ein wirksamer Vertrag vereinbart wurde, eine Auflassungsvormerkung zugunsten des Auftraggebers im Grundbuch eingetragen wurde, die Sicherung der Lastenfreistellung erfolgt ist und eine behördliche Baugenehmigung erteilt wurde.

Aber auch nach Erfüllung dieser Voraussetzungen darf der Bauträger nur etappenweise Teilzahlungen annehmen. Eine detaillierte Staffelung ist in § 3 II MaBV vorgegeben.

Die Grundregel im Werkvertragsrecht besagt dagegen, dass die Zahlung erst nach Abnahme fällig ist, also auch erst nach Fertigstellung, § 641 BGB. Von dieser Regel kann vertraglich abgewichen werden. Man kann also auch eine teilweise Fälligkeit zu einem früheren Zeitpunkt vereinbaren. Im Einzelnen wird aber durch § 3 MaBV detailliert vorgeschrieben, zu welchem Zeitpunkt überhaupt und wie viel von der ganzen Zahlung durch den Bauträger entgegengenommen werden kann.

Eine gegen § 3 MaBV verstoßende Regelung zum Nachteil des Verbrauchers hat die Nichtigkeit der Zahlungsvereinbarung zur Folge. Auch eine ergänzende Vertragsauslegung, also „Lückenfüllung" mit einer Klausel, die den Vorgaben des § 3 MaBV entsprechen würde, ist laut des Bundesgerichtshofs nicht möglich. Einige Gerichte gehen sogar so weit, dem Bauträger dann das Recht zur Abschlagszahlung nach dem Bürgerlichen Gesetzbuch (BGB) zu verwehren. Der beurkundende Notar hat gegebenenfalls auf das Vorliegen einer unwirksamen Fälligkeitsvereinbarung und deren Folgen hinzuweisen. Aber auch im Übrigen ist es nicht empfehlenswert, eine Klausel, die unwirksam zu sein scheint, einfach hinzunehmen, auch wenn im Ergebnis für den Verbraucher die Regelung, wonach eine Zahlung erst ab Abnahme des Werks fällig ist, am günstigsten ist. Der Weg dorthin könnte über einen langwierigen, von Unsicherheit geprägten und teuren Rechtsstreit führen, was sicherlich beide Parteien vermeiden wollen.

Weiterhin hat der Bauträger in Höhe der erhaltenen Vermögenswerte, also Zahlungen, Sicherheit zu leisten. Auch hat er die erhaltenen Gelder strikt vom eigenen Vermögen zu trennen. Verstöße hiergegen führen teilweise dazu, dass der Auftraggeber, also der Erwerber, das gezahlte Geld zunächst zurückverlangen kann. Auch kann der Bauträger bei einem Verstoß mit einer Geldbuße belangt werden.

In der Regel wird dem Bauträger zur Absicherung seines Zahlungsanspruchs wegen der Baukosten ein Grundpfandrecht für das Grundstück bestellt.

BUWOG THE ONE
Neubauprojekt mit rund 240 Wohn- und Gewerbeeinheiten in Berlin, Bezirk Mitte (Baubeginn 2017)
buwog-theone.com

KAPITEL **ACHT**

Das folgende Kapitel beantwortet die relevanten Fragen bei der Verwaltung einer Immobilie und gibt eine Einführung in die WEG-Verwaltung sowie die rechtlichen Rahmenbedingungen des Verwaltervertrags.

8. WEG-VERWALTUNG

Ist die Wohnungseigentümergemeinschaft einmal gegründet, stellt sich die Frage nach der Ausgestaltung ihrer Verwaltung. Kann diese durch die Eigentümer selbst vorgenommen werden? Wenn ein Verwalter bestellt wird, welche Pflichten müssen vertraglich geregelt werden? Welche Kosten fallen an und welche Flexibilität bei der Vereinbarung einer Verwaltervergütung ist gesetzlich vorgesehen?

Diese und andere Fragen stellen sich neue Wohnungseigentümer nicht zu Unrecht. Zur Verwaltung durch die Wohnungseigentümer selbst sieht das Gesetz in § 21 Abs. 1 WEG vor, dass die Verwaltung allen Wohnungseigentümern von Gesetzes wegen grundsätzlich gemeinschaftlich zusteht. Dies bedeutet aber nicht, dass auf die Bestellung eines Verwalters verzichtet werden kann, sondern nur, dass die Wohnungseigentümer die Verwaltung grundsätzlich gleichberechtigt wahrnehmen und Einzelne nicht ausgenommen sind. Nach § 20 Abs. 2 WEG ist die Bestellung eines Verwalters unabdingbar, doch daraus folgt auch nicht, dass die Gemeinschaft verpflichtet wäre, einen Verwalter zu bestellen. Vielmehr kann sie im allseitigen Einvernehmen von der Bestellung eines Verwalters so lange Abstand nehmen, bis einer der Wohnungseigentümer die Verwalterbestellung verlangt. In der Praxis ist daher davon auszugehen, dass für jede Wohnungseigentümergemeinschaft ein Verwalter bestellt ist. Schließlich wird sich der einzelne Eigentümer in aller Regel weder in der Materie an sich auskennen noch die Muße haben, sich über Gebühr mit Alltagsgeschäften zu beschäftigen. Die Aufgaben und Befugnisse des Verwalters sind in den §§ 24, 27 und 28 WEG bereits gesetzlich geregelt. Sie müssen also nicht mit jedem Verwalter individuell ausgehandelt und vertraglich geregelt werden. Durch Vereinbarung können die Wohnungseigentümer das Verwalteramt allerdings um weitere Aufgaben und Befugnisse ergänzen, wobei auch hier die gesetzlichen Leitgedanken nicht außer Acht zu lassen sind.

Insbesondere die große wirtschaftliche Bedeutung des Gemeinschaftseigentums verlangt nach der Bestellung eines Verwalters. Es muss sich um eine geeignete Persönlichkeit handeln, die die ordnungsgemäße Instandsetzung und Instandhaltung des Gemeinschaftseigentums, seine Benutzung sowie die Verteilung der gemeinschaftlichen Dienste regelt. Der Verwalter ist neben der Wohnungseigentümerversammlung das wichtigste Organ der Wohnungseigentümergemeinschaft. Schließlich kann davon ausgegangen werden, dass ein erfahrener Verwalter über die notwendigen Kontakte und eingeübten Arbeitsabläufe verfügt, um die Verwaltung des Gemeinschaftseigentums mit erheblich geringerem Aufwand zu betreiben, als das dem neuen Wohnungseigentümer selbst möglich wäre. Die Bestellung eines Verwalters (des Vertrauens) ist daher in aller Regel zu empfehlen.

M. Fesselmann, R. Kobabe, K. Schwenzfeier, U. Siegemund, *Vorsorgewohnen in Deutschland*,
https://doi.org/10.1007/978-3-658-21288-9_8

8.1. Inhalt des Verwaltervertrags

Durch den Vertrag wird das schuldrechtliche Rechtsverhältnis des Verwalters zu den Eigentümern und zum Verband der Wohnungseigentümer geregelt, das von der Bestellung des Verwalters als Organ der Wohnungseigentümergemeinschaft grundsätzlich unabhängig ist. Es gibt demnach praktisch eine Verwalterbestellung nach außen und vertragliche Regelungen nach innen. Aus dem Vertrag ergibt sich einerseits für den Verwalter die Verpflichtung zur Erfüllung der mit dem von ihm übernommenen Amt verbundenen Pflichten und andererseits für die Wohnungseigentümer die Erfüllung der im Verwaltervertrag eingegangenen Verpflichtungen. Vertragspartner des Verwalters sind nicht die einzelnen Wohnungseigentümer, sondern stets die Gemeinschaft.

Das Zustandekommen des Verwaltervertrags

Die Bestellung des Verwalters durch Mehrheitsbeschluss enthält in der Regel auch das Angebot auf Abschluss eines Verwaltervertrags, das durch Aufnahme der Verwaltertätigkeit konkludent (d.h. durch schlüssiges Handeln) angenommen wird. Der Verwaltervertrag kommt in diesen Fällen in der Regel auch dann zustande, wenn der Eigentümerbeschluss den Abschluss eines schriftlichen Vertrags vorsieht. Zumindest hat das Bayerische Oberlandesgericht in seinem Urteil vom 18.03.1997, AZ: 2Z BR 98/96183, ausgeführt, dass nicht davon auszugehen ist, dass die Einhaltung der Schriftform eine Wirksamkeitsvoraussetzung für den Verwaltervertrag darstellt.

Wer handelt auf Wohnungseigentümerseite beim Abschluss?

Beim Aushandeln und beim Abschluss des Verwaltervertrags können alle Wohnungseigentümer gemeinsam handeln. Es ist aber auch möglich, dass die Mehrheit der Wohnungseigentümer, die für den Vertrag gestimmt hat, die Minderheit beim Vertragsabschluss vertritt und die erforderlichen Erklärungen abgibt. Es ist ferner zulässig, einen oder mehrere Wohnungseigentümer oder Mitglieder des Verwaltungsbeirates, wenn es ihn denn gibt, zu beauftragen, den Verwaltervertrag abzuschließen. Regelt die Eigentümerversammlung die nähere Ausgestaltung des abzuschließenden Vertrags nicht, so überlässt der einzelne Wohnungseigentümer mit der Bevollmächtigung dem Bevollmächtigten die nähere Ausgestaltung des Verwaltervertrags.

Muss der Eigentümer, der sich durch Vollmacht vertreten lässt, dann also sämtliche Regelungen, die aufgrund der Bevollmächtigung getroffen wurden, hinnehmen? Nein, er muss nur solche Regelungen hinnehmen, die inhaltlich ordnungsgemäßer Verwaltung entsprechen, die also auch durch die Eigentümerversammlung selbst beschlossen werden könnten. Ordnungsgemäß ist, was dem geordneten Zusammenleben in der Gemeinschaft dient, was den Interessen der Gesamtheit der Wohnungseigentümer nach billigem Ermessen entspricht und der Gemeinschaft nützt. Will der einzelne Wohnungseigentümer bestimmenden Einfluss auf die Einzelregelungen des Verwaltervertrags behalten, muss er – notfalls im Wege der Beschlussanfechtung – darauf dringen, dass die Eigentümerversammlung selbst über den Inhalt des Verwaltervertrags entscheidet und eine Abschlussbevollmächtigung nur mit einer entsprechenden Einschränkung erteilt wird.

Praxistipp

Auch hier gilt, wie so oft im Leben, „Vertrauen ist gut, Kontrolle ist besser". Möchte der Wohnungseigentümer sämtliche seiner Belange berücksichtigt wissen, sollte er sich auch selbst der Vertragsgestaltung annehmen.

Die rechtliche Qualifizierung des Verwaltervertrags

Bei dem keiner Formvorschrift unterliegenden Verwaltervertrag handelt es sich um ein Auftragsverhältnis im Sinne der §§ 662 ff. BGB, wenn die Tätigkeit des Verwalters unentgeltlich ausgeübt werden soll. Erfahrungsgemäß dürfte es jedoch die absolute Ausnahme sein, dass ein Verwalter neben den Rechten auch die Pflichten eines Vertrags trägt, ohne hierfür eine entsprechende Gegenleistung zu erhalten. Die Regel dürfte sein, dass dem Verwalter für die Wahrnehmung seiner Aufgaben eine Vergütung zustehen soll. Dann handelt es sich rechtlich um einen auf Geschäftsbesorgung gerichteten Dienstvertrag.

Vergütung versprochen oder nicht?

Wird ein Verwalter im Rahmen eines Eigentümerbeschlusses nur für eine kurze, bestimmte zeitliche Dauer bestellt, so kommt – jedoch nur bei Fehlen eines ausdrücklichen Verwaltervertrags – ein befristeter Geschäftsbesorgungsvertrag mit ihm zustande. Das bedeutet, dass in diesem Fall und unter diesen Voraussetzungen der Verwalter eine Vergütung erwarten kann. Etwas anderes kann nur gelten, wenn es sich um eine sogenannte Kleinanlage handelt. So soll nach einer Entscheidung des Bayerischen Oberlandesgerichts eine Verwaltervergütung nicht geschuldet sein, wenn sich einer der Wohnungseigentümer der aus zwei Mitgliedern bestehenden Gemeinschaft zum Verwalter bestellt. In der Regel wird die Wohnungseigentümergemeinschaft in den Fällen der Kapitalanlage aus mehr als zwei Mitgliedern bestehen, sodass eine Kleinanlage gerade nicht vorliegt.

Vergütung trotz mangelbehafteten Vertrags?

Es kann vorkommen, dass der Verwaltervertrag bzw. einzelne seiner Regelungen einen Mangel aufweisen. Wird eine mit ihrer Zustimmung zum Verwalter bestellte Person aufgrund eines geschlossenen Vertrags tätig, der an einem eigenen Nichtigkeits- oder Unwirksamkeitsgrund leidet, z.B. weil die WEG bei dessen Abschluss nicht ordnungsgemäß vertreten war, kommt eine Anwendung der Vorschriften über die Geschäftsführung ohne Auftrag in Betracht. Dies bedeutet, dass der als Verwalter Tätige Aufwendungsersatz für seine geleisteten Verwaltungstätigkeiten verlangen kann. Handelt der Verwalter im Rahmen seines Gewerbebetriebes (ist also beruflich Verwalter), ist es auch möglich, dass der Verwalter die sogenannte übliche Vergütung für die von ihm erbrachten Leistungen verlangen kann. In diesem Fall müsste die Höhe der Vergütung durch einen Vergleich mit anderen, ortsüblichen Verwaltervergütungen ermittelt oder im Streitfall festgelegt werden. Eine ausdrückliche und belastbare Vergütungsregelung im Verwaltervertrag ist daher stets zu empfehlen.

8.2. Rechte und Pflichten – einzelne Regelungsgegenstände des Verwaltervertrags

Wie bereits zuvor erwähnt, ergeben sich die Aufgaben und Befugnisse – und damit die Pflichten und Rechte – des Verwalters aus den Regelungen der §§ 27, 28 WEG. So hat er beispielsweise (nicht abschließend)

- die Beschlüsse der Wohnungseigentümer durchzuführen und für die Durchführung der Hausordnung zu sorgen,
- die für die ordnungsgemäße Instandhaltung und Instandsetzung des gemeinschaftlichen Eigentums erforderlichen Maßnahmen zu treffen,
- in dringenden Fällen sonstige zur Erhaltung des gemeinschaftlichen Eigentums erforderliche Maßnahmen zu treffen,
- Lasten- und Kostenbeiträge, Tilgungsbeiträge und Hypothekenzinsen anzufordern, in Empfang zu nehmen und abzuführen, soweit es sich um solche der Gemeinschaft handelt,
- alle Zahlungen und Leistungen zu bewirken und entgegenzunehmen, die mit der laufenden Verwaltung des gemeinschaftlichen Eigentums zusammenhängen,
- eingenommene Gelder zu verwalten,
- die Wohnungseigentümer unverzüglich darüber zu unterrichten, dass ein Rechtsstreit mit Bezug zur WEG anhängig ist,
- Willenserklärungen und Zustellungen entgegenzunehmen, soweit sie an alle Wohnungseigentümer in dieser Eigenschaft gerichtet sind,
- Ansprüche gerichtlich und außergerichtlich geltend zu machen, sofern er hierzu ermächtigt ist,
- jeweils für ein Kalenderjahr einen Wirtschaftsplan aufzustellen,
- hierüber eine Abrechnung zu erstellen,
- mindestens einmal jährlich eine Versammlung der Wohnungseigentümer einzuberufen bzw. nochmalig einzuberufen, sofern keine Beschlussfähigkeit der Versammlung vorliegt.

Vertragliche Ausgestaltung

Die Aufgaben und Befugnissen des Verwalters, wie sie gesetzlich aufgeführt sind, dürfen durch eine vertragliche Regelung nicht eingeschränkt oder ausgeschlossen werden. Darüber hinaus steht es den Wohnungseigentümern jedoch frei, den Vertrag über die gesetzlichen Vorgaben hinaus zu gestalten. Eine zusätzliche Regelung könnte beispielsweise die Erteilung von Vollmachten sein. Dies ist allerdings nur sinnvoll, wenn der Umfang der dem Verwalter zu erteilenden Vollmacht nicht bereits in der Teilungserklärung bzw. Gemeinschaftsordnung geregelt ist. Andere Regelungsgegenstände können die Einzugsermächtigung zum Abruf des von den jeweiligen Wohnungseigentümern zu begleichenden monatlichen Wohngeldes im Wege des Bankeinzugsverfahrens, eine Erweiterung der gesetzlichen Befugnisse des Verwalters im Allgemeinen oder eine Befreiung von § 181 BGB sein, also dem Verbot, mit sich selbst Geschäfte zu machen (sogenanntes Insichgeschäft). Letzteres erleichtert dem Verwalter die Tätigkeit für die Gemeinschaft im alltäglichen Geschäft ganz wesentlich, da es ihm dadurch ermöglicht wird, alltägliche Rechtsgeschäfte ohne Konsultation der Wohnungseigentümer rechtswirksam vorzunehmen. Die Aufnahme einer solchen Regelung in den Verwaltervertrag kann sinnvoll sein, setzt jedoch voraus, dass entweder die Beaufsichtigungsdichte des Verwalters durch die Wohnungseigentümer entsprechend erhöht wird oder ein hinreichendes Vertrauen besteht. Die Wirksamkeit einer Regelung über die Befreiung von § 181 BGB setzt allerdings auch voraus, dass der Rahmen der Geschäfte, die der Verwalter dann mit sich selbst abschließen kann, überschaubar bleibt und dass es sich bei dieser Regelung nicht um eine Allgemeine Geschäftsbedingung handelt. Wann diese vorliegt und welchen Umfang die Befreiung sodann annehmen kann, ist am besten durch eine anwaltliche Beratung zu erfahren.

Gerade gewerblich tätige Verwalter werden erfahrungsgemäß darauf drängen, ihre Haftung für leichte Fahrlässigkeit auszuschließen und nur für grobe Fahrlässigkeit und Vorsatz einstehen zu müssen. Die Erfahrung zeigt auch, dass auf Verwalterseite großes Interesse besteht, die Verjährungsfristen für eine Inanspruchnahme zu kürzen. Von beidem ist ausdrücklich abzuraten. Hierfür ist aus Sicht der Interessenwahrnehmung der Gemeinschaft kein überzeugender Grund zu finden. Gerade bei Baumaßnahmen am Gemeinschaftseigentum werden etwaige Mängel und Schäden erfahrungsgemäß erst nach einer längeren zeitlichen Entwicklung erkennbar. Im Anschluss muss noch genügend Zeit verbleiben, die Maßnahmen des Verwalters überprüfen zu können.

Die Laufzeit des Verwaltervertrags

Für die erste Bestellung nach Gründung des Wohnungseigentums sieht das Gesetz in § 26 WEG eine Begrenzung der Laufzeit auf drei Jahre vor. Für die weiteren Bestellungen gestattet das Gesetz eine Laufzeit von höchstens fünf Jahren. Eine Verwalterbestellung, die über die Höchstdauer in § 26 Abs. 1 S. 2 WEG hinausgeht, ist grundsätzlich entgegen § 139 BGB nur hinsichtlich des übersteigenden Teils gemäß § 134 BGB nichtig. Die Regelung ist daher im Übrigen gültig. Sollte also in einem Verwaltervertrag eine zehnjährige Laufzeit geregelt werden, so ist dennoch nur eine Laufzeit von fünf Jahren wirksam. Grund dafür ist die Annahme, dass ein Verwalter, der für einen längeren Zeitraum als gesetzlich zulässig bestellt wurde, wenigstens für den gesetzlich zulässigen Zeitraum bestellt sein soll.

Wer schuldet die Vergütung und in welcher Höhe?

Der Verwalter hat, sofern die zuvor genannten Ausnahmen nicht einschlägig sind, einen Vergütungsanspruch; er hat ihn in jedem Fall, wenn der Verwaltervertrag ihn vorsieht. Dieser richtet sich nur gegen die Gemeinschaft der Wohnungseigentümer als den alleinigen Vertragspartner des Verwalters, nicht jedoch gegen einzelne Wohnungseigentümer. Der Vertragsschluss mit der Gemeinschaft schließt die Begründung einer persönlichen vertraglichen Haftung einzelner Wohnungseigentümer, etwa im Wege einer vertraglichen Schuldmitübernahme, jedoch grundsätzlich nicht aus. Für die wirksame Begründung einer solchen Schuldmitübernahme reicht allerdings ein einfacher Mehrheitsbeschluss der Wohnungseigentümer wiederum nicht aus. Denn ein Mehrheitsbeschluss kann lediglich die Vertretung der Gemeinschaft als rechtsfähigen Verband wirksam regeln, nicht jedoch eine Vertretungsmacht für die Begründung einer danebentretenden persönlichen Haftung der einzelnen Wohnungseigentümer. Dies bedeutet, dass eine gesonderte, danebentretende Haftung des Einzelnen nur in Betracht kommt, wenn dieser sich selbst hierzu ausdrücklich verpflichtet. Hiervon ist aus Sicht des Einzelnen erwartungsgemäß abzuraten.

Bei der Höhe der Vergütung des Verwalters steht den Wohnungseigentümern ein weiter Ermessensspielraum zu. Hier ist fast alles möglich. So können mit einem entsprechend abgestuften Vergütungsverzeichnis durchaus Prioritäten auf einzelne Leistungen gesetzt und vereinbart werden. Um einen Überblick über die Marktüblichkeit einer solchen Vergütung zu bekommen, empfiehlt es sich, beim jeweiligen Verband der Hauseigentümer nachzufragen, den es in jeder größeren Stadt gibt. Maßstab ist der Grundsatz der ordnungsgemäßen Verwaltung. Dabei sind die Wohnungseigentümer selbstverständlich nicht gehalten, stets die billigste Verwaltung zu wählen. Denn die Kosten des Verwalters sind nicht der einzige Gesichtspunkt, anhand dessen sich die Ordnungsmäßigkeit seines Einsatzes bestimmen lässt. Die Wohnungseigentümer können bei der Entscheidungsfindung und Eingruppierung der Verwaltervergütung auch andere Gesichtspunkte berücksichtigen, insbesondere die beispielsweise durch langjährige Erfahrung nachgewiesene Zuverlässigkeit und den im Vertrag vorgesehenen jeweiligen Umfang der Aufgabenerfüllung. Nach der Rechtsprechung entspricht die Bestellung eines Verwalters, dessen Vergütung um rund 40 % über den Konkurrenzangeboten liegt, aber nur dann ordnungsgemäßer Verwaltung, wenn es für die Bezahlung des Mehrbetrags sachliche Gründe gibt. Diese sollten aus der Bestellung des Verwalters ausführlich ersichtlich sein, um es eventuell nachfolgenden Wohnungseigentümern, die in die Gemeinschaft eintreten, zu ermöglichen, die Gründe für die Bestellung nachzuvollziehen. Wenn für die Fälligkeit der Vergütung des Wohnungseigentumsverwalters im Vertrag keine Regelung zu finden ist, ist die Vergütung erst nach Erbringung der Dienstleistung (insbesondere Vorlage der Jahresabrechnung) zu entrichten. Dies bedeutet also, dass der Verwalter vorleistungspflichtig ist und sich die Wohnungseigentümer daher in einer komfortablen Position befinden. Es ist aber zu erwarten, dass der Verwalter selbst im Rahmen der Verhandlungen dafür Sorge tragen wird, eine für ihn günstigere Fälligkeitsregelung zu vereinbaren.

Da Maßstab der Überprüfung des Verwaltervertrags sowie der inhaltlichen Reichweite der Vollmacht zum Abschluss des Verwaltervertrags die ordnungsgemäße Verwaltung ist, ist eine Vergütungsregelung nicht von vornherein einer ergänzenden Regelung im Verwaltervertrag entzogen. Beispielsweise kann der Vertrag eine Regelung vorsehen, die eine vorschussweise monatliche Zahlung eines entsprechenden Anteils der Jahresvergütung durch Entnahme aus den gemeinschaftlichen Mitteln zulässt und für wirksam erklärt. Dies erleichtert allen Seiten den Buchungsaufwand. Gegen diese Regelung bestehen darüber hinaus keine sachlichen Bedenken, zumal die Wohnungseigentümer im Rahmen des Wirtschaftsplans Wohngeldvorauszahlungen zu leisten haben und daher die jeweiligen Mittel stets verfügbar sein sollten.

Es kann sich die Situation ergeben, dass die Vergütung des Verwalters erhöht werden soll. Dazu bedarf es eines Mehrheitsbeschlusses der Wohnungseigentümergemeinschaft. Diese muss die Erhöhung oder Änderung der Vergütung mittels eines Änderungsvertrags zwischen den Wohnungseigentümern und dem Verwalter vornehmen.

Sondervergütung

Es entspricht darüber hinaus auch ordnungsgemäßer Verwaltung im Sinne des § 21 Abs. 3 WEG, mit dem Verwalter Vereinbarungen über einzelne Sondervergütungen zu treffen. Diese müssen jedoch Verwalterleistungen betreffen, die über die Wahrnehmung der gesetzlichen Aufgaben des Wohnungseigentumsverwalters hinausgehen. Dies betrifft beispielsweise die Erbringung von Architekten- bzw. Ingenieurleistungen durch den Verwalter, wobei es sich hier empfiehlt, eine genaue Bestimmung der jeweiligen Leistung vorzunehmen, da sonst die pauschale Vergütung von „Ingenieurleistungen" schnell in einen Streit über die Rechtmäßigkeit der Verwaltervergütung münden kann.

Einzelne Maßnahmen

Andere sondervergütungsfähige Pflichten des Verwalters sind beispielsweise die Prüfung der Voraussetzungen für die Erteilung einer erforderlichen Veräußerungszustimmung oder die Bearbeitung gerichtlicher Verfahren, die die Gemeinschaft betreffen. All dies geht über den nach den §§ 27, 28 WEG vom Verwalter geschuldeten Leistungsumfang hinaus und kann deshalb Gegenstand der Vereinbarung über eine Sondervergütung sein. Es ist ausdrücklich anzumerken, dass der Verwalter ohne eine solche Abrede zu Regel- oder Sondervergütung grundsätzlich über die so vereinbarte Vergütung hinaus keinen Anspruch auf Zahlung einer zusätzlichen Vergütung für Tätigkeiten im Rahmen der ihm gesetzlich zugewiesenen und vertraglich übernommenen Tätigkeiten hat. Wenn sie nicht durch eine Sondervergütungsregelung abgedeckt werden, sind etwa zusätzlich einberufene und durchgeführte Eigentümerversammlungen oder Wohnungsbegehungen von der Regelvergütung des Verwalters laut Vertrag erfasst und abgegolten. Lediglich für besonders aufwändige Tätigkeiten kann eine zusätzliche Sondervergütung durch die Wohnungseigentümergemeinschaft bewilligt werden. Auch wenn es nach dem Verwaltervertrag beispielsweise grundsätzlich Aufgabe des Verwalters ist, Baumaßnahmen an der Wohnungseigentumsanlage zu überwachen, entspricht es ordnungsgemäßer Verwaltung, wenn für eine besonders aufwändige Bauüberwachung eine zusätzliche Sondervergütung bewilligt wird.

Ist ein Verwalter vertraglich ermächtigt, einen Anspruch für die Wohnungseigentümergemeinschaft gerichtlich durchzusetzen, so kann er sich, wenn er wirksam von den Beschränkungen des § 181 BGB befreit ist, auch selbst beauftragen. Er kann dafür sogar für sich selbst eine Sondervergütung vereinbaren, die als außergerichtliche Kosten im Kostenfestsetzungsverfahren zur Erstattung geltend gemacht werden kann. Daran zeigt sich beispielsweise, inwieweit die Befreiung vom Verbot des § 181 BGB die Arbeit des Verwalters erleichtern kann.

Die Zulässigkeit der Bewilligung einer Sondervergütung durch die Wohnungseigentümergemeinschaft ist auch für den Fall gegeben, dass der Verwalter den Einziehungsprozess als Vertreter der Gemeinschaft selbst führt und sich nicht anwaltlich vertreten lässt, was im Übrigen auch gesetzlich nicht zwingend vorgesehen ist.

Durchführung von Eigentümerversammlungen

Die Durchführung von Eigentümerversammlungen gehört zu den gesetzlichen Aufgaben des Wohnungseigentumsverwalters und zwar auch dann, wenn es sich um außerordentliche Eigentümerversammlungen handelt. Die Vereinbarung einer Sondervergütung für die Durchführung ist in der Praxis insoweit zwar vielfach üblich, liegt aber bei Abschluss eines Verwaltervertrags für den von der Wohnungseigentümerversammlung zum Abschluss Bevollmächtigten nur dann im Rahmen des stets geltenden Maßstabs ordnungsgemäßer Verwaltung, wenn der Verwalter bei seinem Angebot zur Verwalterbestellung klargestellt hat, dass die von ihm zu berechnende Vergütung nur jeweils eine jährliche Eigentümerversammlung abdecken sollte und jede weitere eine zusätzlich zu vergütende Leistung darstellt. Es ist daher schon bei Vertragsschluss auf die Einzelheiten der Vereinbarung einzugehen und im Einzelnen mit dem Verwalter zu besprechen.

Sonderleistungen für einzelne Eigentümer

Die Vereinbarung eines Stundenhonorars für Sonderleistungen des Verwalters gegenüber einzelnen Wohnungseigentümern kann die Eigentümerversammlung nicht beschließen. Die Verhandlung solcher Leistungen obliegt jedem Wohnungseigentümer selbst. Dementsprechend ist die Vereinbarung solcher Leistungen auch nicht durch die einem Wohnungseigentümer oder Verwaltungsbeirat etc. zum Abschluss des Verwaltervertrags erteilte Bevollmächtigung gedeckt. Sie ist außerdem vom jeweiligen beauftragenden Wohnungseigentümer selbst zu vergüten. Es ist daher im Einzelfall von hoher Wichtigkeit, den Umfang der durch die Gemeinschaft übertragenen und vergüteten Pflichten des Verwalters so konkret wie möglich festzulegen, um Streit zu vermeiden. Denn soweit der Verwalter außerhalb seines Aufgabenbereichs als Wohnungseigentumsverwalter Geschäftsbesorgungen für einzelne Wohnungseigentümer ausführt, handelt es sich um vertragliche Dienstleistungen ausschließlich im Verhältnis zwischen ihm und dem einzelnen Wohnungseigentümer, also nicht um eine Angelegenheit der gemeinschaftlichen Verwaltung. Insoweit kann die Eigentümerversammlung niemandem eine Vertretungsbefugnis einräumen und ist auch weder zur Beauftragung ermächtigt noch zur Vergütung verpflichtet.

Höhe der Vergütung

Ganz im Sinne einer ordnungsgemäßen Verwaltung müssen sich etwaige Sondervergütungen der Höhe nach in angemessenem Rahmen halten und den voraussichtlichen zusätzlichen besonderen Zeit- und Arbeitsaufwand im Einzelfall berücksichtigen. Dies schließt jedoch nicht aus, auch eine pauschale Sondervergütung festzulegen, die sich aber ihrerseits im Verhältnis zu den geforderten Leistungen am Maßstab der ordnungsgemäßen Verwaltung orientieren muss. Möglich ist beispielsweise auch eine Honorarvereinbarung, die die gerichtliche Geltendmachung von Ansprüchen einer Vergütung nach dem RVG unterwirft, also der Vergütungsordnung für Rechtsanwälte und damit einen vorhersehbaren und gesetzlich vorgesehenen Kostenrahmen schafft. Dementsprechend bestehen auch keine Bedenken gegen die Vereinbarung einer nach der HOAI (gesetzliche Vergütungsordnung für Architektenleistungen) zu berechnenden Vergütung für Architekten- oder Ingenieurleistungen des Verwalters. Was dem Grundsatz ordnungsgemäßer Verwaltung jedoch nicht entspricht, sind Vereinbarungen, nach denen der Verwalter für die Veräußerungszustimmung einen Prozentsatz des Kaufpreises des Wohnungseigentums erhalten soll, denn eine solche pauschale Regelung steht nicht im angemessenen Verhältnis zum tatsächlichen Prüfungsaufwand. Gleiches gilt für Tätigkeiten im Zusammenhang mit geringfügigen Instandsetzungsarbeiten, wenn eine Zusatzvergütung von 5 % der Bausumme vereinbart wird. Die Klausel in einem Verwaltervertrag, dass der Verwalter neben der Pauschalvergütung für die Vergabe von Aufträgen je Auftragssumme ab einem bestimmten Betrag (z.B. 3.000 Euro) 4,5 % der Rechnungsendsumme und je Auftragssumme unterhalb dieses Betrages 8 % der Rechnungsendsumme erhält, entspricht ebenfalls nicht ordnungsgemäßer Verwaltung. Denn damit würde einerseits schon für geringfügige Auftragsvergaben, mit denen typischerweise keine besonderen Leistungen des Verwalters verbunden sind, eine Sonderumlage fällig. Zudem knüpft eine solche Klausel allein an den Wert eines Auftrags, nicht aber an einen über den normalen Pflichtenkreis hinausgehenden Arbeitsaufwand des Verwalters an. Im Sinne einer ordnungsgemäßen Verwaltung muss eine zusätzliche Gebühr jedoch zu rechtfertigen sein und kann daher nicht auf diese Art vereinbart werden.

Enthält die Teilungserklärung keine Regelung über die Umlegung eines mit dem Verwalter vereinbarten Sonderhonorars, sondern nur eine sich auf die regelmäßige Vergütung erstreckende Bestimmung, so sind diese Kosten nach dem für die Gemeinschaft allgemein geltenden Verteilungsschlüssel bzw. § 16 WEG umzulegen.

Portokosten

Bei Vereinbarungen über die Erstattung von Fotokopie- und Versandkosten (Portokosten), beispielsweise für Protokolle der Wohnungseigentümerversammlung oder zur Unterrichtung der Eigentümer über Renovierungsarbeiten oder rechtshängige Gerichtsverfahren, handelt es sich der Sache nach nicht um eine Sondervergütung, sondern um eine Vereinbarung über Aufwendungsersatz. Da dem Verwalter im Rahmen der Geschäftsbesorgung für die Gemeinschaft neben der Vergütung Ersatz der ihm entstehenden Auslagen zusteht (§§ 675, 670 BGB), ist auch eine vertragliche Regelung über den Ersatz dieser Kosten im Verwaltervertrag nicht zu beanstanden. Jedenfalls der Höhe nach unbedenklich sind Regelungen, die dem Gerichtskostengesetz (Nr. 9000 des Kostenverzeichnisses) und dem Rechtsanwaltsvergütungsgesetz (VV Nr. 7000) entsprechen oder angenähert sind. Der für die einzelne Kopie zu erhebende Betrag von 0,50 Euro muss jedoch ab der 51. Seite auf 0,15 Euro reduziert werden. Auch eine Regelung, die die Bezahlung des Aufwands des Verwalters von etwa 0,20 Euro inklusive Mehrwertsteuer für jede Fotokopie vorsieht, ist möglich und ordnungsgemäßer Verwaltung entsprechend.

Praxistipp

Da es im Interesse des Verwalters liegen dürfte, für seine Leistungen eine so hohe Vergütung wie nur möglich zu erhalten, sollte es im Rahmen der Verhandlungen auch allein seine Entscheidung sein, diese Punkte anzusprechen und die Gemeinschaft hierfür zu gewinnen.

Sonstige Regelungen
Auch Regelungen, die das Gemeinschaftsverhältnis der Wohnungseigentümer untereinander betreffen, wie beispielsweise ein Betretungsrecht des Sondereigentums durch den Verwalter auch ohne Anmeldung, können nur dann Gegenstand des Verwaltervertrags sein, wenn ihnen ein entsprechender ausdrücklicher Beschluss der Eigentümerversammlung zugrunde liegt. Denn die Vollmacht zum Abschluss des Verwaltervertrags betrifft das schuldrechtliche Verhältnis zwischen dem Verwalter und der Gemeinschaft der Wohnungseigentümer. Davon zu unterscheiden ist das Gemeinschaftsverhältnis der Wohnungseigentümer untereinander. Ein Wohnungseigentümer braucht deshalb bei einer durch Eigentümerbeschluss einem Bevollmächtigtem erteilten Vollmacht zum Abschluss des Verwaltervertrags ohne ausdrückliche Regelung nicht damit zu rechnen, dass im Verwaltervertrag Regelungen zum Gemeinschaftsverhältnis der Wohnungseigentümer getroffen werden.

Allgemeine Geschäftsbedingungen
Es dürfte nicht unüblich sein, dass der Verwalter, als eine im Umgang mit Wohnungseigentum erfahrene Person, seine Bedingungen eines Verwaltervertrags mitteilt und von diesen auch nicht abweicht. Bestehen diese Bedingungen für eine Vielzahl von Anwendungen, also für mehrere Gemeinschaften gleichermaßen, kann es sich um Allgemeine Geschäftsbedingungen handeln. Diese unterliegen einer strengeren gesetzlichen Kontrolle und ihre Unwirksamkeit geht zu Lasten des Verwenders. Im hier angesprochenen Fall kann sich der Verwender also nicht auf deren Inhalt beziehen.

Unwirksame Klauseln
Eine Regelung im Verwaltervertrag, wonach Verwaltergebühren der allgemeinen Verwaltungskostenentwicklung angepasst werden können, dürfte hiernach unwirksam sein. Jeder Verwaltervertrag kann außerdem dann unwirksam sein, wenn das Vertragswerk mehrere Klauseln aufweist, die aufgrund der Gesamtgemengelage und in ihrer Gesamtwürdigung einer gesetzlichen Kontrolle nicht standhalten und somit unwirksam sind. Dies liegt beispielsweise vor, wenn die Abbedingung des § 181 BGB, eine Haftungsbegrenzung durch Verkürzung des Beginns und der Dauer der Verjährung, eine einschränkungslose Vergütungspflicht für die Einberufung und Durchführung mehr als einer Eigentümerversammlung pro Wirtschaftsjahr und die Befugnis, jederzeit auf Kosten der Eigentümergemeinschaft Sonderfachleute zu beauftragen, soweit der Verwalter dies zur Klärung oder Bearbeitung von technischen, juristischen, buchhalterischen

oder sonstigen Aufgaben im Sinne ordnungsgemäßer Verwaltung für geboten hält, zusammen vorgesehen sind. Liegt eine Unwirksamkeit vor, bedeutet dies die Anwendung der gesetzlichen Vorschriften.

Eine salvatorische Klausel im Verwaltervertrag, die zur Aufrechterhaltung des Vertrags im Falle der Teilunwirksamkeit einzelner Regelungen und damit zur Umkehrung der Zweifelsregel des § 139 BGB führt, ist im Rahmen ordnungsgemäßer Verwaltung jedoch nicht zu beanstanden. Denn im Hinblick darauf, dass der Verwalter nach seiner Wahl in der Eigentümerversammlung seine Verwaltertätigkeit aufzunehmen hat, hat auch die Gemeinschaft der Wohnungseigentümer ein besonderes Interesse daran, dass im Falle der Teilunwirksamkeit einzelner Regelungen die vertragliche Bindung an den Verwalter aufrechterhalten bleibt.

Regelungen über den Verwaltervertrag in der Gemeinschaftsordnung

Die Wohnungseigentümer können auch bereits in der Gemeinschaftsordnung eine Vereinbarung darüber treffen, in welcher Weise der Verwaltervertrag auszugestalten ist. Eine solche Vereinbarung hat jedoch nur eine eingeschränkte Bedeutung, da unter § 10 Abs. 3 WEG nur solche Vereinbarungen fallen, die ausschließlich das Verhältnis der Wohnungseigentümer untereinander betreffen. Die Wohnungseigentümer sind danach lediglich verpflichtet, ihre Zustimmung zum Abschluss eines den vereinbarten Richtlinien entsprechenden Verwaltervertrags zu erteilen, nicht jedoch, einen bestimmten Verwaltervertrag von vornherein anzunehmen. Die Grenzen für den Inhalt solcher Vereinbarungen werden außer von §§ 134 (gesetzliches Verbot) und §§ 138 (sittenwidriges Geschäft) BGB auch von §§ 242 (Treu und Glauben) und §§ 315 (Leistungsbestimmungsrecht) BGB gezogen, wobei es sich bei diesen Vorschriften jedoch um weitgefasste Auffangtatbestände handelt. Aus der weiten Fassung der gesetzlich vorgesehenen Schranken der Vertragsgestaltung ergibt sich, dass hier nur grob unbillige Vereinbarungen unwirksam sind. Diese Voraussetzung liegt beispielsweise vor, wenn in einer einseitig vom Bauträger gesetzten Regelung der Gemeinschaftsordnung die Vergütungsregelung zu Lasten der Wohnungseigentümer nur die Interessen des teilenden Eigentümers verfolgt, der sich als ersten Verwalter einsetzt – und damit den Grundgedanken des Wohnungseigentumsgesetzes missachtet, das den selbstverantwortlichen Eigenbesitz fördern will.

Es ist daher üblich, die Pflicht zum Abschluss eines Verwaltervertrags bereits in die Gemeinschaftsordnung aufzunehmen und unter Umständen auch schon den ersten Verwalter zu benennen. Oftmals wird dies der teilende Eigentümer selbst oder ein mit ihm verbundenes Unternehmen sein. Es wäre wünschenswert, in der Gemeinschaftsordnung auch bereits wichtige Eckpunkte des zukünftigen Vertrags zu benennen. Allerdings tritt in den meisten Fällen der zukünftige Wohnungseigentümer in die bereits bestehende Gemeinschaft und die damit einhergehende Teilungserklärung sowie Gemeinschaftsordnung ein, sodass ohnehin kein Gestaltungsspielraum bleibt.

Abschließende Anmerkungen

Insgesamt lässt sich festhalten, dass der Wohnungseigentümergemeinschaft im Rahmen der gesetzlichen Vorgaben des Wohnungseigentümergesetzes bei der Gestaltung des Verwaltervertrags viel Spielraum zugestanden wird. Dies gilt insbesondere auch hinsichtlich der Vergütungsregelungen, die im Wesentlichen frei gestaltet werden können. Diese durch den Gesetzgeber ermöglichte Flexibilität versetzt die Wohnungseigentümergemeinschaft in die Lage, ganz nach den jeweiligen Bedürfnissen und der jeweiligen Leistungsfähigkeit der Wohnungseigentümer eine Verwaltung des Gemeinschaftseigentums auszusuchen und vertragliche Einzelheiten festzulegen. Es gilt, zum Gebrauch dieser Flexibilität zu ermutigen.

SEEFELD I
Erster Bauabschnitt Wohnquartiert 52° Nord mit rund 113 Wohneinheiten und einer Gewerbeeinheit in Berlin,
Bezirk Treptow-Köpenick, Ortsteil Grünau (Bezug 2017)
52grad-nord.de

KAPITEL NEUN

Dieses Kapitel gibt Aufschluss über mietrechtliche Fragestellungen, mit denen man als Eigentümer einer Vorsorgewohnung gegebenenfalls konfrontiert ist. Es wird erläutert, was bei der Erstellung eines Mietvertrages zu beachten ist, welche Mietsteigerungen möglich sind, wie sich hierbei die Mietpreisbremse auswirkt und was man rund um die Kündigung eines Mietverhältnisses wissen sollte.

9. MIETRECHT

Langfristiges Ziel der Vorsorgewohnung als Kapitalanlage ist es oft, durch Vermietung der Wohnung eine Rendite zu erwirtschaften. Bei der Vermietung der Eigentumswohnung müssen, zusätzlich zu den Vorschriften des WEG, die Vorschriften des Mietrechts sowie die dazugehörige Rechtsprechung beachtet werden. In Deutschland unterliegt das Mietverhältnis den Vorschriften der §§ 535 ff. BGB. Die deutschen mietrechtlichen Vorschriften werden stark von einem umfassenden Gedanken des Mieterschutzes geprägt, insbesondere im Wohnraummietrecht.

9.1. Der Mietvertrag

Inhalt und vertragliche Pflichten des Mietvertrags werden nachfolgend in Grundzügen dargestellt und erörtert. In der Praxis wird die Verwaltung und Betreuung der Mietverhältnisse im Bereich von Eigentumswohnungen regelmäßig einem Verwalter übertragen, dazu später ausführlich.

Vorsorgewohnungen werden in der Regel nur zu Wohnzwecken und nicht als gewerbliche Nutzfläche vermietet. Regelmäßig wird schon durch die Gemeinschaftsordnung eine gewerbliche Nutzung ausgeschlossen sein. Daher beschränkt sich die nachfolgende Darstellung auf die Anforderungen an Wohnraummietverträge.

Abschluss eines Mietvertrags
Ähnlich wie beim Kaufvertrag erfordert der Abschluss des Mietvertrags die Einigung beider Mietvertragsparteien über das vermietete Objekt, die Dauer des Mietvertrags sowie die Höhe des zu entrichtenden Mietzinses.

Mietdauer
Mietverträge können auf bestimmte oder unbestimmte Zeit geschlossen werden. Wird der Vertrag auf bestimmte Zeit abgeschlossen, liegt ein befristeter Mietvertrag bzw. Zeitmietvertrag vor. Eine Befristung ist nur wirksam, wenn bei Abschluss des Mietvertrags ein Grund für die Befristung nach § 575 BGB vorliegt. Die sachgrundlose einfache Befristung eines Mietvertrags ist nicht möglich.

Gründe für die Befristung können nach § 575 BGB nur sein:

- Eigennutzungsabsicht nach Ablauf des Befristungszeitraums
- Modernisierungsabsicht
- Betriebsbedarf

Wird der Mietvertrag auf unbestimmte Zeit abgeschlossen, ist er schriftlich abzuschließen, wenn der Mieter länger als ein Jahr an den Mietvertrag gebunden sein soll. § 550 BGB macht von der sonst grundsätzlichen Formfreiheit der Mietverträge eine Ausnahme. Soweit der Mietvertrag schriftlich geschlossen wurde, ist eine Kündigung seitens des Mieters vor Ablauf der Mindestmietfrist unwirksam.

M. Fesselmann, R. Kobabe, K. Schwenzfeier, U. Siegemund, *Vorsorgewohnen in Deutschland*,
https://doi.org/10.1007/978-3-658-21288-9_9

Wird der Mietvertrag mit einer Vertragslaufzeit von über einem Jahr nicht schriftlich geschlossen, gilt er auf unbestimmte Zeit und kann bereits nach Ablauf eines Jahres durch den Mieter gekündigt werden.

Mietzins

Hinsichtlich des Mietzinses steht es dem Vermieter grundsätzlich frei, dessen Höhe zu bestimmen und ihn gegebenenfalls über oder unter dem ortsüblichen Mietpreisniveau anzusetzen. Grenzen der zulässigen Höhe des Mietzinses sind nur Wucher oder Sittenwidrigkeit.

Einschränkungen der Miethöhe – die „Mietpreisbremse"

Eine Einschränkung hierzu bildet § 556d BGB, die sogenannte „Mietpreisbremse". Hierbei wird die grundsätzliche Vertragsfreiheit dahingehend eingeschränkt, dass bei Neuabschluss eines Wohnraummietvertrags über eine Wohnung, die bereits zuvor vermietet war, die Höhe des Mietzinses die ortsübliche Vergleichsmiete höchstens um 10 % übersteigen darf. Betroffen sind von dieser Regelung Wohnraummietverträge in Gebieten, in denen die jeweilige Landesregierung Mietbegrenzungsverordnungen erlassen hat. Dies werden vor allem Ballungszentren mit einem angespannten Wohnungsmarkt sein. Im Falle der erstmaligen Vermietung oder umfassenden Modernisierung einer Wohnung greift die Einschränkung der Mietpreishöhe nicht.

Der Mietzins ist von der Lage der Wohnung, ihrer Größe, Ausstattung und sonstigen wertbildenden Faktoren abhängig. Als Richtwert kann, soweit vorhanden, der jeweilige Mietspiegel des Gebietes dienen.

Mieterhöhung

Der Vermieter hat unter Umständen das Recht zur Mieterhöhung. Im Wohnraummietrecht sind die Instrumente hierfür aber begrenzt. Mieterhöhungen können als Staffelmiete oder als Indexmiete vereinbart werden.

Staffelmiete

Bei der Staffelmiete werden die Mietsteigerungen bei Abschluss der Staffelmietvereinbarung betragsmäßig festgelegt, wobei die Miete jeweils mindestens ein Jahr unverändert bleiben muss. Eine weitere Mieterhöhung im Zeitraum der Staffelvereinbarung ist unzulässig. Für die Staffelmiete gibt es keine Kappungsgrenze. Ob eine „unendliche" Staffel vereinbart werden kann, ist fraglich. Die frühere Gesetzeslage sah eine Staffelung bis zu zehn Jahren vor, sodass eine Erhöhung in dieser Größenordnung auch heute möglich sein dürfte. Allerdings sollte man nicht vergessen, dass es für den Abschluss eines Vertrags zweier Willenserklärungen bedarf – d.h. man muss erst einen Mieter finden, der bereit ist, eine solche Staffelung der Miete zu akzeptieren. Eine eventuelle Mietpreisbremse muss in jedem Fall bei Mietbeginn beachtet werden.

Indexmiete
Es kann auch eine Mietanpassung vereinbart werden, die sich nach dem Verbraucherpreisindex des Statistischen Bundesamtes richtet. Dieser ist auf der Webseite des Statistischen Bundesamtes abrufbar.

Mieterhöhung bis zur ortsüblichen Vergleichsmiete
Der Vermieter kann ferner die Zustimmung zur Mieterhöhung bis zur ortsüblichen Vergleichsmiete verlangen, für welche vergleichbare Wohnungen zur Ermittlung herangezogen werden. Für diese Art der Mieterhöhung gilt eine Kappungsgrenze, sodass sich die Nettomiete während eines Zeitraums von drei Jahren grundsätzlich nicht um mehr als 20 %, in einigen Bundesländern, wie beispielsweise Berlin, um nicht mehr als 15 % erhöhen darf, § 558 Abs. 3 BGB. Auch hier kann im Einzelfall anwaltlicher Rat eingeholt werden, da eine Mieterhöhungserklärung sowohl formell als auch materiell bestimmten Anforderungen genügen muss.

Betriebskosten
Haben die Parteien eine Umlage der Betriebskosten auf den Mieter vereinbart, so sind die Betriebskosten jährlich abzurechnen, § 556 III BGB. Die umlagefähigen Betriebskosten sind gemäß § 556 I 3 BGB in der Betriebskostenverordnung abschließend aufgezählt. In der Regel wird darüber hinaus eine Vorauszahlung der Betriebskosten vereinbart, die nach der Abrechnung mit der tatsächlich angefallenen Summe verrechnet wird. Die Abrechnung ist dem Mieter spätestens 12 Monate nach Ablauf der Abrechnungsperiode zu erteilen, § 566 III 2 BGB. Danach ist es dem Vermieter verwehrt, weitere Nachforderungen zu stellen, es sei denn, ihn trifft an der Verzögerung der Nachforderung kein Verschulden.

Mietkaution
Für künftige Ansprüche des Vermieters aus dem Mietverhältnis oder dessen Abwicklung kann die Zahlung einer Sicherheitsleistung, die sogenannte Mietkaution, vereinbart werden. Im Wohnraummietrecht darf die Mietkaution höchstens das Dreifache der monatlichen Nettokaltmiete betragen, § 551 BGB. Auch muss die Mietkaution im Wohnraummietrecht, getrennt vom sonstigen Vermögen des Vermieters, verzinslich auf ein Treuhandkonto angelegt werden.

Mieteinnahmegemeinschaft („Mietpool“)
Im Rahmen eines Zusammenschlusses von Immobilieneigentümern ist es möglich, zu vereinbaren, dass alle Mieteinnahmen in einen gemeinsamen „Mietpool“ fließen, aus welchem jeder Beteiligte seinen Anteil erhält, um das Risiko eines Leerstands oder eines Mietausfalls gemeinsam zu tragen. Allerdings führt dies zur Bevorteilung derjenigen Eigentümer mit einer weniger wertvollen oder einer schwerer vermietbaren Wohnung. Die Mieteinnahmegemeinschaft kann in Form einer Gesellschaft bürgerlichen Rechts geführt werden und besteht dann parallel

neben der Wohnungseigentümergemeinschaft. Auch besteht die Möglichkeit, die Organisation auf einen Dritten auszugliedern. Aber Vorsicht: Für die Verwaltung und Organisation des Mietpools werden Kosten anfallen. Diese müssen bei der eigenen Kalkulation der Rendite sodann berücksichtigt werden.

9.2. Pflichten des Vermieters

Grundsätzlich hat der Vermieter dem Mieter für die Dauer der Mietzeit den Gebrauch der Mietsache zu gewähren und sie im vertragsgemäßen Zustand zu erhalten. Insoweit beinhaltet die Pflicht des Vermieters sowohl die Verschaffung des Mietgebrauchs durch die Gewährung des ungestörten Zugriffs auf die Mietsache als auch die Erhaltung des Mietgebrauchs.

Der konkrete Inhalt dieser Pflicht, also wie der vertragsgemäße Gebrauch im Einzelnen ausgestaltet ist, richtet sich vorrangig nach der vertraglichen Vereinbarung.

Mietgebrauch

Der Vermieter hat im Rahmen seiner Verpflichtung, ungestörten Gebrauch an den Wohnräumen zu gewähren, eine Reihe von Pflichten. Zunächst hat der Vermieter die Wohnung in einer dem Vertragszweck angemessenen Ausstattung zu überlassen. Die Ausstattung an sich sollte so genau wie möglich im Mietvertrag festgehalten werden, um späteren Streit zu vermeiden.

Zu den Mindestanforderungen bei Wohnraum gehören regelmäßig Strom- und Wasseranschluss, Ablauf und Toilette sowie ausreichender Wärme- und Schallschutz. Darüber hinaus haben Wohnraummieter auch einen Anspruch darauf, dass ihnen der Empfang von Rundfunk- und Fernsehsendungen ermöglicht wird sowie Anschlüsse für Telekommunikation zur Verfügung stehen.

Daneben trifft den Vermieter auch eine Duldungspflicht. Der Vermieter hat für die Vertragszeit eine dem Geschmack des Mieters entsprechende Dekoration der Räume sowie das Einbringen von Möbeln, anderer Einrichtungsgegenstände und anderer Geräte zu dulden, die dem Vertragszweck entsprechen.

Bei der Wohnraummiete umfasst die Leistungspflicht des Vermieters, auch ohne ausdrückliche Regelung, die Mitbenutzung von Teilen des Gebäudes und des Grundstücks, welche zum ungestörten Mietgebrauch erforderlich sind, also etwa Zugangswege, Eingangstüren, Aufzüge, Treppenhäuser und Flure. Dagegen besteht bei fehlender ausdrücklicher Vereinbarung regelmäßig kein Anspruch zur Nutzung von Nebenräumen, wie Kellerräumen oder Abstellplätzen für Kfz.

Erhaltung der Mietsache

Nach der gesetzlichen Grundlage trägt grundsätzlich der Vermieter die Pflicht, die Mietsache während der Mietzeit im vertragsgemäßen Gebrauch zu erhalten. Er muss also gegebenenfalls Reparaturen und Instandhaltungsmaßnahmen durchführen und den Mieter vor den mit dem Gebrauch der Sache verbundenen Gefahren schützen (sogenannte Verkehrssicherungspflicht).

Dazu gehören zum Beispiel die Organisation eines Winterdiensts, das Beseitigen oder Kenntlichmachen von Gefahren (etwa unerwartete Stufen) oder das Sicherstellen ausreichender Beleuchtung der für den allgemeinen Zugang zugelassenen Flächen.

Selbstverständlich hat diese Pflicht ihre Grenzen. Erstens schuldet der Vermieter keine Wiederherstellung oder Ersatzbeschaffung bei der völligen Zerstörung einer Sache, was bei einer Wohnung beispielsweise die Zerstörung durch Brand wäre. Auch besteht grundsätzlich keine Erhaltungspflicht für vom Mieter zu vertretende Mängel.

Die Erhaltungspflicht kann außerdem zum Teil vertraglich auf den Mieter übertragen werden. Eine vollständige Übertragung der Erhaltungspflicht kann bei Wohnraum jedoch nicht per Allgemeine Geschäftsbedingungen, sondern nur individuell vereinbart werden. Bei einer Vereinbarung durch AGB bzw. in einem Formularmietvertrag bestehen hierfür enge Grenzen. So kann der Mietvertrag eine sogenannte „Kleinreparaturklausel" enthalten, wonach der Mieter verpflichtet ist, Maßnahmen, die im Einzelfall nicht mehr als 100 EUR und auf das Jahr gerechnet nicht mehr als eine Nettomonatsmiete kosten, selbst zu tragen. Die Grenzen werden hier durch die Rechtsprechung bestimmt und werden dort nicht nur unterschiedlich gezogen, sondern unterliegen einem ständigen Wandel. Sehr deutlich hat sich die Rechtsprechung zur Verpflichtung des Mieters zur Übernahme von Schönheitsreparaturen bereits festgelegt.

Schönheitsreparaturen in der Wohnraummiete

Für die Auslegung des Begriffs der Schönheitsreparaturen wird häufig die Definition des § 28 IV 3 der Zweiten Berechnungsverordnung (II. BV) herangezogen. Zu den Schönheitsreparaturen gehören danach das Tapezieren, Anstreichen oder Kalken der Wände und Decken, das Streichen der Fußböden und der Heizkörper einschließlich Heizrohre sowie das Streichen der Innentüren, Holzfenster und Außentüren von innen.

Abwälzung der Schönheitsreparaturen auf den Mieter

Auch die Durchführung der Schönheitsreparaturen ist grundsätzlich Sache des Vermieters, da keine Verkehrssitte besteht, dass der Mieter diese auch ohne vertragliche Vereinbarung zu tragen hätte. Jedoch ist es möglich und auch üblich, Schönheitsreparaturen auf den Mieter abzuwälzen, auch formularvertraglich. Hierfür gelten nach der Rechtsprechung allerdings einige Grenzen.

Starre Fristenpläne ohne Rücksicht auf die tatsächliche Renovierungsbedürftigkeit sind unzulässig. Vielmehr sind solche Klauseln nur zulässig, wenn es für den Mieter erkennbar ist, dass die genannten Zeiträume nur als Orientierungsmaßstab dienen und von diesen Ausnahmen gewährt werden, für den Fall, dass die Wohnung tatsächlich noch nicht renovierungsbedürftig ist. Es kommt letztlich darauf an, dass eine Verpflichtung zur Durchführung von Schönheitsreparaturen vom Grad der Abnutzung abhängig gemacht wird. Wie so oft wird es für die Beurteilung der Wirksamkeit einer Schönheitsreparaturklausel auf deren genauen Wortlaut ankommen. In der Rechtsprechung finden sich zu den unterschiedlichsten Wortlauten einer solchen Klausel Entscheidungen. Bei Unsicherheit sollte rechtliche Beratung in Anspruch genommen werden.

Anfangs- und Endrenovierungsklauseln
Anfangsrenovierungsklauseln sind unwirksam, wenn der Mieter auf seine Kosten Schönheitsreparaturen der ihm im renovierungsbedürftigen Zustand überlassenen Räume durchführen soll, ohne dass er dafür einen angemessenen Ausgleich erhält.

Auch kann eine Endrenovierungsklausel unwirksam sein, insbesondere, wenn sie vorschreibt, dass die Endrenovierung ungeachtet der Fälligkeit von Schönheitsreparaturen und unabhängig vom Abnutzungszustand der Wohnung durchzuführen ist.

Fachhandwerksklausel
Auch kann der Vermieter vom Mieter lediglich verlangen, dass er die Schönheitsreparaturen fachgerecht, also in mittlerer Art und Güte, durchführt. Er kann dagegen nicht verlangen, dass der Mieter die Arbeiten auf eigene Kosten durch einen Fachhandwerker ausführen lässt.

Folgen einer unwirksamen Klausel
In Folge einer unwirksamen Klausel hat der Vermieter sämtliche in der Klausel enthaltenen Schönheitsreparaturen letztlich selbst auszuführen. Daher ist hier besondere Sorgfalt geboten.

9.3. Pflichten des Mieters

Zahlung des Mietzinses
Die Hauptleistungspflicht des Mieters liegt in der regelmäßigen Zahlung der Miete. Diese Mietzahlungspflicht setzt sich in der Regel aus der Nettokaltmiete und den Vorauszahlungen für Betriebskosten, wahlweise einer Pauschale zusammen. In welchen periodischen Abständen die Miete zu entrichten ist, kann durch die Mietvertragsparteien frei vereinbart werden. In der Regel bietet sich aber die monatliche Zahlung des Mietzinses an.

Die vereinbarte Miete ist gemäß §§ 579 Abs. 2, 556b Abs. 1 BGB zum dritten Werktag des vereinbarten Zeitabschnittes fällig. Diese Fälligkeit ist also nicht gesondert zu vereinbaren, andere Regelungen sind allerdings möglich.

Gebrauch der Mietsache
Aus dem Mietvertrag folgt für den Mieter das Recht zum Gebrauch der Mietsache, nicht hingegen aber eine Pflicht zur Benutzung. Davon unberührt bleibt jedoch die Pflicht zur Mietzahlung.

Der Mieter ist hingegen zur sorgfältigen Behandlung der Mietsache verpflichtet und muss auf die berechtigten Belange des Vermieters Rücksicht nehmen. Ihn treffen die sogenannten Obhuts- und Schutzpflichten, die dem Mieter auferlegen, Beschädigungen der Wohnung zu verhindern. Der Mieter hat daher dem Vermieter während der Mietzeit auftretende Mängel und drohende Gefahren für die Mietsache anzuzeigen. Daneben gehört es auch in den Pflichtenkreis des Mieters, die Mietsache durch Schließen der Fenster bei Regen oder ausreichendes Heizen bei Frost vor Beschädigung durch Elementarschäden zu bewahren.

Die Grenzen des Gebrauchsrechts können von den Mietvertragsparteien durch Parteivereinbarung bestimmt werden. Hierbei ist jedoch zu beachten, dass der Vermieter Beeinträchtigungen der Substanz der Mietsache, die durch vertragsgemäßen „normalen" Gebrauch entstehen, hinzunehmen hat. Hierzu gehört nach der Rechtsprechung des BGH auch das Rauchen in der Wohnung, soweit die dadurch verursachte Verschlechterung der Mietsache, wie beispielsweise Verfärbungen der Tapeten, durch Schönheitsreparaturen beseitigt werden.

Hausordnung
Häufig werden Hausordnungen vereinbart. Insbesondere in Wohnanlagen nach dem WEG findet sich oftmals als Anlage zum Mietvertrag auch die Gemeinschaftsordnung, zu deren Einhaltung sich der Eigentümer gegenüber der Wohnungseigentümergemeinschaft verpflichtet hat. Demgemäß muss er dafür Sorge tragen, dass sich auch der Mieter daran gebunden fühlt. Ziel der Hausordnung und auch der Gemeinschaftsordnung ist es, die Pflichten der Bewohner auszugestalten und zu konkretisieren. Potenzielle Regelungsgegenstände sind die Benutzung der gemeinschaftlichen Einrichtungen wie Treppenhaus, Flure oder Garten, aber auch der Gebrauch der Mietsache selbst. So können z.B. Musizierzeiten oder Tierhaltung durch die Hausordnung geregelt werden.

Damit der Mieter an die Regelungen der Hausordnung oder der Gemeinschaftsordnung gebunden ist, muss diese wirksam in den Mietvertrag aufgenommen werden. Hierfür reicht der bloße Verweis auf die Hausordnung oder die nachträgliche Aushändigung nicht aus.

9.4. Kündigung

Recht zur Kündigung
Ein auf Zeit geschlossener Mietvertrag kann grundsätzlich nur außerordentlich gekündigt werden. Aber auch bei Mietverträgen auf unbestimmte Zeit sind die Kündigungsmöglichkeiten des Vermieters im Wohnraummietrecht stark eingeschränkt.

Ordentliche Kündigung
Ein Recht zur ordentlichen Kündigung bei Mietverhältnissen auf unbestimmte Zeit besteht nur unter den Voraussetzungen der §§ 573 ff BGB. Dazu muss ein berechtigtes Interesse vorliegen. Der praktisch bedeutendste Fall ist die Eigenbedarfskündigung, § 573 II Nr. 2 BGB, für den Fall, dass der Eigentümer selbst oder ihm nahestehende Personen die Wohnung nutzen möchten. Eine Kündigung zum Zwecke der Mieterhöhung ist ausgeschlossen.

Der Mieter kann wiederum unter Einhaltung einer dreimonatigen Frist den Mietvertrag kündigen.

Außerordentliche Kündigung
Als besonderes Mittel steht dem Vermieter die außerordentliche Kündigung zu, welche einen wichtigen Kündigungsgrund voraussetzt. Die in der Praxis bedeutsamsten Fälle sind der Zahlungsverzug des Mieters und die nachhaltige Störung des Hausfriedens.

9.5. Verwaltung der Vorsorgewohnung als Mietobjekt

Neben der vorangehend besprochenen Bestellung eines Verwalters als Liegenschaftsverwalter stellt sich in der Praxis oftmals die Frage, wie die Eigentumswohnung zum Zwecke der Vermietung verwaltet wird. Während die Liegenschaft durch die Eigentümergemeinschaft gemeinsam verwaltet wird, die meist einen WEG-Verwalter beauftragt, werden die einzelnen Eigentumswohnungen durch den jeweiligen Eigentümer selbst verwaltet. Der Eigentümer wird in der Regel fachfremd sein, was die Betreuung eines Mietverhältnisses angeht. Hier besteht die Möglichkeit, eine Hausverwaltung zu beauftragen. Für gewöhnlich kümmert sich diese um den Mietvertrag, die Einhaltung der Hausordnung, den Mieteinzug, etwaige Mieterhöhungen oder auch die Abrechnung von Betriebskosten. Selbstverständlich können wiederum alle Wohnungseigentümer gemeinsam einen Dienstleister beauftragen. Auch gibt es Dienstleister, die sowohl die Verwaltung der WEG-Angelegenheiten als auch die Hausverwaltung in Bezug auf die Vermietung als Komplettservice anbieten, was sicherlich beim Aushandeln der Konditionen mit dem Anbieter einen größeren Spielraum erlaubt. Die Kosten einer Hausverwaltung sind allerdings nicht als Betriebskosten auf den Mieter umlagefähig, was in die Kalkulation miteinbezogen werden muss.

DIE AUTOREN

Michael Fesselmann

Michael Fesselmann ist Diplom-Immobilienökonom (ADI) und seit 2013 als Vertriebsleiter für die BUWOG Group in Berlin tätig. Er verfügt über langjährige Erfahrung in den Bereichen Produktentwicklung im Wohnungsbau, Marketing und Vertrieb. Vor seinem Wechsel zur BUWOG Group war er als Salesmanager beim Projektentwicklungsunternehmen Stofanel Investment AG, Berlin, tätig und verantwortete den Vertrieb des Wohnungs- und Immobilienunternehmens Viterra Development GmbH in Frankfurt/Main.

Dr. Rolf Kobabe

Dr. Rolf Kobabe ist Rechtsanwalt und Partner der Luther Rechtsanwaltsgesellschaft mbH in Hamburg. Als gelernter Sparkassenkaufmann war er zunächst als Vorstandsassistent der Privatbank Hallbaum, Maier & Co. AG in Hannover tätig. Nach seiner Promotion mit einer Arbeit über das Recht der EU-Zentralbanken praktizierte er ab 1998 zunächst als Wirtschaftsanwalt mit dem Schwerpunkt Finanzierungsmaßnahmen für mittelständische Unternehmen. Er ist Autor zahlreicher Bücher, Broschüren und Aufsätze, unter anderem zu aktuellen Entwicklungen an den Kapitalmärkten. Sein Tätigkeitsschwerpunkt als Rechtsanwalt liegt im Bereich Bank- und Bankaufsichtsrecht, Asset Management und Fonds.

M. Fesselmann, R. Kobabe, K. Schwenzfeier, U. Siegemund, *Vorsorgewohnen in Deutschland*,
https://doi.org/10.1007/978-3-658-21288-9

Dr. Katja Schwenzfeier

Dr. Katja Schwenzfeier ist Rechtsanwältin und Partnerin der Luther Rechtsanwaltsgesellschaft mbH in Berlin. Nach einer Ausbildung zur Rechtsanwalts- und Notariatsfachangestellten studierte sie Rechtswissenschaften an der Universität Potsdam und ist seit 2007 als Rechtsanwältin zugelassen. 2010 promovierte sie mit einer Arbeit zum internationalen Vertragsrecht. Ihre Beratungsschwerpunkte liegen im Bereich Immobilientransaktionen, Asset- und Property-Management sowie Mietrecht. Dr. Katja Schwenzfeier hält regelmäßig Vorträge zu verschiedenen immobilienrechtlichen Themen und ist Mitglied bei der Deutschen Institution für Schiedsgerichtsbarkeit e.V.

Ulrich Siegemund

Ulrich Siegemund ist Rechtsanwalt, Steuerberater und Partner der Luther Rechtsanwaltsgesellschaft mbH in Berlin. Er ist seit 1989 als Rechtsanwalt zugelassen und seit 1993 Steuerberater. Für Luther ist er seit 2008 tätig. Seine inhaltlichen Beratungsschwerpunkte liegen in der nationalen und internationalen Steuerberatung, unter anderem auf dem Gebiet der steuerlichen Due-Diligence-Untersuchungen, der steuerlichen Strukturierung von M&A-Transaktionen, post-akquisitorischen Restrukturierungen sowie steuerlichen Strategien, Reorganisationen und Immobilientransaktionen.

STICHWORTVERZEICHNIS

E

F

G

H

I

J

K

L

M

N

O

P

W

Z

LITERATURVERZEICHNIS

1. Rudolf Stürzer, Michael Koch: „Mietrecht für Vermieter von A-Z", Haufe Fachbuch
2. Peter Schüller: „Erfolgreich Vermieten", RNK Verlag / C.H.Beck
3. Hubert Blank: „Mietrecht von A-Z: Mehr als 450 Stichwörter zum aktuellen Recht", Beck-Rechtsberater im dtv
4. Alfred Tanczos: „Mietrecht kompakt", Linde Verlag
5. Guido Rennert: „Praxisleitfaden Immobilienanschaffung und Immobilienfinanzierung", Springer Fachverlag
6. Peter Burk: „Kosten- und Vertragsfallen beim Immobilienkauf", Verbraucherzentrale NRW
7. Peter Burk: „Kauf eines gebrauchten Hauses: Besichtigung, Auswahl, Kaufvertrag", Verbraucherzentrale NRW
8. Thomas Knedel: „Erfolg mit Wohnimmobilien: So werden Sie in 6 Monaten privater Immobilieninvestor", Immopreneur Verlag
9. Karl Portele, Martina Portele: „Das 1 x 1 der Steuern bei Immobilien: So navigieren Sie sich durch den Steuerdschungel", Linde Verlag
10. Annette Schaller und Werner Siepe: „Handbuch Eigentumswohnung: Kauf, Pflege, Verwaltung", Stiftung Warentest
11. Alexander Goldwein: „Immobilien steueroptimiert verschenken & vererben", M&E Books Verlag
12. Michael Kaindl und Stefanie Schädel: „Immobilien als Kapitalanlage und zur Altersvorsorge", Syncron-Edition
13. Michael Hölting: „Immobilienfinanzierung: Die beste Strategie fürs Kaufen und Bauen", C.H.Beck
14. Florian Haase, Monika Jachmann: „Beck'sches Handbuch Immobiliensteuerrecht: Erwerb, Nutzung, Veräußerung", C.H.Beck
15. Michael A. Peter: „Das Einmaleins der Immobilien-Investition", IRB-Verlag
16. Alexander Goldwein: „Immobilien richtig finanzieren und kalkulieren: Masterkurs Immobilieninvestments", M&E Books Verlag
17. Werner Niedenführ, Nicole Vandenhouten: „WEG – Kommentar und Handbuch zum Wohnungseigentumsrecht", Deutscher AnwaltVerlag
18. Erwin Sailer, Henning J. Grabener, Ulf Matzen: „Immobilien-Fachwissen von A-Z", Grabener Verlag